Marco Rocholz

Die Flüchtlingskrise
aus steuerlicher Sicht

Staatliche Maßnahmen zur Finanzierung,
Verteilung und Unterbringung

Bibliografische Information der Deutschen Nationalbibliothek:

Die Deutsche Nationalbibliothek verzeichnet diese Publikation in der Deutschen Nationalbibliografie; detaillierte bibliografische Daten sind im Internet über http://dnb.d-nb.de abrufbar.

Impressum:

Copyright © Studylab 2019

Ein Imprint der GRIN Publishing GmbH, München

Druck und Bindung: Books on Demand GmbH, Norderstedt, Germany

Coverbild: GRIN Publishing GmbH | Freepik.com | Flaticon.com | ei8htz

Inhaltsverzeichnis

Abkürzungsverzeichnis

Abs.	Absatz
AfA	Absetzung für Abnutzung
Art.	Artikel
BAMF	Bundesamt für Migration und Flüchtlinge
BIP	Bruttoinlandsprodukt
BVerfG	Bundesverfassungsgericht
EStG	Einkommensteuergesetz
GG	Grundgesetz
KStG	Körperschaftsteuergesetz
MwStSysRL	Mehrwertsteuer-Systemrichtlinie
UStG	Umsatzsteuergesetz

1 Einleitung

„Wir schaffen das!". Mitten in der Flüchtlingskrise waren das die drei hoffnungsvollen Worte der Bundeskanzlerin Angela Merkel. Angesichts der Flüchtlingskrise wollte sie damit den Bürger mitteilen, dass trotz der aktuellen Umstände in Deutschland noch immer Hoffnung auf Besserung besteht. Dabei ist der Satz so kurz und doch so stark in seiner Ausdruckskraft. Ein fester Vorsatz der Kanzlerin, ohne die Bürger selbst damit zu belasten.

Die Flüchtlingskrise ist nun wieder relevanter denn je. Viele Menschen werden aus ihren Heimatländern vertrieben oder fliehen freiwillig. Flüchtlinge kommen deshalb nach Deutschland und hoffen auf ein besseres Leben und Schutz vor dem Krieg in ihrem Heimatland. Doch diese Wellen an Flüchtlingen übersteigen jede Schätzung. Aus diesem Grund fürchten sich viele Menschen in Deutschland vor wirtschaftlichen Folgen oder sogar Terrorismus. Andere wiederrum engagieren sich für die Flüchtlinge und eine gelungene Integration. Dies ist eine außerordentliche Situation und stellt das Land vor eine neue Herausforderung. Denn durch den Strom an Flüchtlingen spielen Themen wie Unterkunft, Verteilung und Finanzierung für den Staat eine große Rolle.

Die vorliegende Arbeit thematisiert die Flüchtlingskrise aus steuerlicher Sicht. Der erste Teil widmet sich den Grundlagen der Marktwirtschaft und welche Rolle der Staat dabei spielt. Darauf aufbauend, wird im zweiten Teil untersucht, welche staatlichen Maßnahmen getroffen werden können. Im Fokus des dritten Kapitels steht der konkrete Eingriff des Staates. Dabei wird beleuchtet, wann der Staat eingreifen sollte und welche Maßnahmen in der Vergangenheit angewendet wurden. Angesichts der momentanen Situation werden hierbei die steuerlichen Aspekte angesprochen und welche aktuellen Maßnahmen im Gespräch sind, um diesen akuten Notstand zu bewältigen. Hierbei handelt es sich hierbei um ein großes Streitthema, was sich auch in der Uneinigkeit der Politiker zu diesem Thema widerspiegelt.

Aus diesem Grund habe ich eine Umfrage an der Hochschule für öffentliche Verwaltung und Finanzen durchgeführt, an der 300 Personen teilgenommen haben. Durch die Umfrage wollte ich einen auszugsweisen Einblick in die Meinung der Bevölkerung gewinnen, abseits der Meinungsverschiedenheiten der Politiker. Zum Schluss werden verschiedene Meinungen in der aktuellen Krise gegenübergestellt und die Entwicklungen in einem Jahr der Flüchtlingspolitik ausgewertet. Doch die Frage ist, wie der Staat diese Herausforderung souverän meistern will. Welche

Maßnahmen aus steuerlicher Sicht werden hierbei getroffen? Zeigt die Flüchtlings-politik von Merkel Anzeichen einer Besserung der Lage?

1.1 Flüchtlinge in der Vergangenheit

Obwohl Deutschland, aufgrund der hohen Einwanderungszahlen, auf die Probe ge-stellt wird, ist das Thema nicht neu. Schon seit dem 2. Weltkrieg ist die Flucht ein großes Thema. Menschen werden entweder aus ihrem eigenen Land vertrieben o-der fliehen freiwillig. Dabei gibt es viele Gründe für die Flucht in ein anderes Land. Meistens ist es der Krieg oder die religiöse Verfolgung, aber auch eine Flucht aus wirtschaftlichen Gründen ist denkbar. Zusammenfassend lässt sich sagen, dass Menschen aus ihrem eigenen Land fliehen, weil sie sich ein besseres Leben erhof-fen. Sie suchen dabei Unterkunft, Schutz und eine bessere Möglichkeit der Selbst-verwirklichung.

Das wohl bekannteste Beispiel aus der Vergangenheit ist die Teilung Deutschlands. Dabei wurde das Land durch eine Mauer in die BRD und die DDR aufgeteilt. Fami-lien wurden getrennt und eine Flucht ins andere Land war der einzige Ausweg. Doch die Trennung der Familien war nicht der einzige Grund für die Flucht, son-dern auch die schlechte wirtschaftliche Lage im Osten veranlasste viele dazu, in den Westen flüchten zu wollen. Vom Kriegsende 1945 bis zum Ende der DDR am 03. Oktober 1990 flohen knapp 3,5 Millionen Bürger Richtung Westen und erhoff-ten sich dadurch ein besseres Leben.[1] Das Wirtschaftssystem der DDR konnte sich damals nicht durchsetzen und eine große Not brach über das Land. Die Flucht je-doch war nicht leicht, die Mauer zwischen den beiden Ländern wurde stark be-wacht und viele Menschen sind beim Versuch in den Westen zu gelangen gestorben. Die unmittelbare Nähe der schlechten Umstände hat deutlich gemacht, wie schnell die Entscheidung getroffen wird, in ein anderes Land zu fliehen.

---

[1] Vgl. Veigel, Wege durch die Mauer, S. 434.

2 Die Marktwirtschaft

Bevor ich die Flüchtlingskrise aus der steuerlichen Sicht beleuchten möchte, müssen zunächst einige marktwirtschaftliche Grundlagen geklärt werden. Denn dem Staat werden in der Wirtschaft diverse Aufgaben zugeteilt. Der plötzliche Zustrom der Flüchtlinge sorgt für enorme Ausgaben und auch die Unterbringung muss koordiniert werden. Diese und weitere Maßnahmen übernimmt der Staat und eventuell müssen sogar Gesetze eingeführt oder geändert werden. Da diese Maßnahmen letztendlich den Verbraucher oder die Unternehmen betreffen, befindet sich der Staat mitten in der Marktwirtschaft.

Die Marktwirtschaft ist das volkswirtschaftliche System im Ganzen. Dabei bezeichnet der Markt das Zusammentreffen von Angebot und Nachfrage. Dort treten jeweils Verbraucher und Unternehmer auf um Geschäfte abzuschließen.[2] Grundsätzlich gilt auf dem Markt: Je höher der Preis, desto geringer ist die Nachfrage. Und je niedriger der Preis, desto höher ist die Nachfrage.[3] Denn Unternehmen wollen ihre Waren zu einem möglichst hohen Preis verkaufen, jedoch sind die Verbraucher nicht bereit, diese hohen Preise zu bezahlen. Die Verbraucher versuchen auf dem Markt für Waren so wenig wie nur möglich auszugeben und trotzdem die höchstmögliche Menge dafür zu erhalten. Durch dieses Zusammentreffen der beiden Verhaltensweisen auf dem Markt, ergibt sich der Marktpreis, der auch als Gleichgewichtspreis bezeichnet wird.

Abbildung 1: Der Preisbildungsmechanismus (siehe Anhang)

Durch die hohen Einwanderungszahlen in der Flüchtlingskrise erhöht sich die Nachfrage auf dem Markt und die Anbieter senken dementsprechend die Preise. Dadurch wird die Wirtschaft angekurbelt und zudem verringert sich auch die Arbeitslosenquote, wenn Flüchtlinge in die bestehenden Arbeitsplätze eingegliedert werden.

---

[2] Vgl. Wagenblaß, Volkswirtschaftslehre, öffentliche Finanzen und Wirtschaftspolitik, S. 48.

[3] Vgl. Adam, Bausteine der Wirtschaft, S.45.

2.1 Grundsätze der Sozialen Marktwirtschaft

In der Theorie wurden mit der Zeit mehrere Modelle der Marktwirtschaft entwickelt. Da gibt es einmal die freie Marktwirtschaft, in der nur der Markt bestimmt, was produziert und konsumiert wird; ganz ohne staatlichen Einfluss. Ein weiteres bekanntes Modell ist die sozialistische Marktwirtschaft. Diese Marktform wurde damals in der DDR angewandt und auch Zentralverwaltungswirtschaft genannt. Der Unterschied hierbei ist die zentrale Planung der wirtschaftlichen Vorgänge des Marktes durch den Staat. An diese Planung mussten sich die Unternehmen halten und es herrschte keinerlei Wettbewerb. Doch die Geschichte lehrt uns, dass diese Marktform sich nicht durchsetzen konnte und die Wirtschaft sich stark verschlechterte. Somit musste ein Mittelweg zwischen der freien Marktwirtschaft und den Eingriffen des Staates gefunden werden.

In der BRD gibt es seit 1949 (seit dem 03. Oktober 1990 in ganz Deutschland) die Form der Sozialen Marktwirtschaft.[4] Der Begriff der Sozialen Marktwirtschaft wurde 1947 von Alfred Müller-Amrack geprägt, einem Kölner Wirtschaftsprofessor. Dieses wirtschaftspolitische Programm wurde nach 1945 vom ersten Wirtschaftsminister der Bundesrepublik Deutschland Ludwig Erhard übernommen.[5] Der Staat hat durch diese Marktform grundsätzlich die Aufgabe lenkend in das Marktgeschehen einzugreifen und negative Auswirkungen, die in der freien Marktwirtschaft anzutreffen sind, auszugleichen.[6] Unter den Eingriffen des Staates zählen beispielsweise die Einkommensverteilung, das Gesundheitssystem, gleiche Chancen für alle Menschen und sichere Lebensgrundlagen zu schaffen.[7] Das Prinzip der Sozialen Marktwirtschaft ist nicht gesetzlich festgelegt. Jedoch gibt es Artikel im GG, die als Rahmenbedingungen dieser Marktform angesehen werden. Im Art. 20 Abs. 1 GG entpuppt sich das Sozialstaats- und Demokratieprinzip. Durch diese Vorschrift kennzeichnen sich die Grundzüge der Demokratie in seiner jetzigen Form und die Grundlagen der Sozialen Marktwirtschaft in Deutschland. Art. 20 Abs. 3 GG stellt das Rechtsstaatsprinzip dar, da die staatliche Gewalt in die drei Gewalten Legislative, Judikative und Exekutive aufgeteilt werden und an Gesetz und Recht gebunden sind. Außerdem wird die Soziale Marktwirtschaft durch

---

4   Vgl. Wagenblaß, Volkswirtschaftslehre, öffentliche Finanzen und Wirtschaftspolitik, S. 43.
5   Vgl. Adam, Bausteine der Wirtschaft, S. 50.
6   Vgl. Sperber, Wirtschaft verstehen, nutzen, ändern, S. 15.
7   Vgl. Adam, Bausteine der Wirtschaft, S. 33.

Regelungen wie das Recht auf Privateigentum (Art. 14 GG), die Tarifautonomie (Art. 9 Abs. 3 GG) oder auch die Sozialversicherungssysteme (Art. 74 Abs. 1 Nr. 12 GG) charakterisiert.[8]

Durch die Soziale Marktwirtschaft sichert man außerdem die individuelle Freiheit der einzelnen Bürger. Da jedoch nicht jeder in der Lage ist, die gleiche Leistung zu erbringen, greift hier das sog. Individualprinzip. Dieses Prinzip ist von entscheidender Bedeutung, da manche Marktteilnehmer durch diverse Faktoren am Erbringen ihrer maximalen Leistung gehindert werden (Krankheit, Alter oder körperliche Beeinträchtigungen). Aus diesem Grund übernimmt der Staat in der Sozialen Marktwirtschaft zusätzlich die Aufgabe der sozialen Sicherung. Darin enthalten sind unter anderem die Kranken-, Unfall- und Arbeitslosenversicherung.[9] Um diese Ausgaben tätigen zu können, braucht der Staat Geld. Und hierbei spielen die Steuern eine große Rolle, da diese die größte Einnahmequelle des Staates darstellen. Aber auch bei der Besteuerung versucht der Staat in der Sozialen Marktwirtschaft ein gerechtes Steuersystem zu schaffen. Dieser Versuch wird durch zwei wichtige Grundprinzipien der Steuerverteilung gerechtfertigt.

Das erste Grundprinzip ist das sog. Äquivalenzprinzip. Die Bemessung der Steuer erfolgt hierbei entsprechend dem Vorteil, den eine Person aus öffentlichen Leistungen bezieht. Doch das Prinzip bringt gewisse Probleme mit sich. Zum einen besteht das Problem der genauen Zurechnung des Nutzens aus der staatlichen Leistung auf jeden einzelnen Bürger.[10] Die Rechtfertigung ist in der Praxis außerdem kaum möglich, da Steuern gerade durch das Fehlen einer speziellen Gegenleistung des Staates definiert sind (vgl. § 3 AO). Da sich das Äquivalenzprinzip nicht gut anwenden lässt, hat sich das Leistungsfähigkeitsprinzip in der Praxis durchgesetzt. Die Aufteilung der benötigten Steuereinnahmen des Staates auf die einzelnen Bürger richtet sich nicht danach, wem und in welcher Höhe die staatlichen Leistungen genau zufließen, sondern nach deren individuellen, wirtschaftlichen und finanziellen Leistungsfähigkeit.[11] Zu den Indikatoren dieser Leistungsfähigkeit gehören Einkommen, Konsum und Vermögen, wobei die staatlichen Leistungen außer Acht gelassen werden.[12]

---

8   Vgl. Edling, Volkswirtschaftslehre schnell erfasst, S. 29.
9   Vgl. Edling, Volkswirtschaftslehre schnell erfasst, S. 29f.
10 Vgl. Weeber, Einführung in die Volkswirtschaftslehre, S. 131.
11 Vgl. Becker, Finanzwissenschaftliche Steuerlehre, S. 43.
12 Vgl. Weeber, Einführung in die Volkswirtschaftslehre, S. 131.

Das Leistungsfähigkeitsprinzip beachtet dabei das jeweilige Existenzminimum eines Bürgers. Denn die Leistungsfähigkeit beginnt jenseits des Existenzminimums der physischen Existenz. Darunter zählen, die zum Überleben erforderlichen, materiellen Güter wie Ernährung, Kleidung und Wohnung. Außerdem will der Staat das Existenzminimum durch den Abzug unvermeidbarer Privatausgaben von der Einkommensbemessungsgrundlage sichern. Dadurch erreicht der Staat ein Nettoprinzip der Besteuerung. Nach ständiger Rechtsprechung des BVerfG ist die Steuergerechtigkeit ein in Art. 3 Abs. 1 GG verfassungsrechtlich verankertes Gebot. Daraus ergeben sich zwei Folgerungen für die Bemessungsgrundlage der Einkommensteuer. Die Besteuerung darf nicht bereits auf die (Brutto-) Einnahmen, sondern grds. erst auf die (Rein-) Einkünfte zugreifen (objektives Nettoprinzip). Eine Beeinträchtigung der individuellen Leistungsfähigkeit durch unvermeidbare Privatausgaben muss die Bemessungsgrundlage der Einkommensteuer vermindern (subjektives Nettoprinzip).[13]

Doch auch die Form der Sozialen Marktwirtschaft wird immer wieder kritisiert. Das Problem ist die Theorie und die Anwendung in der Praxis. Die genannten Aufgaben werden durch den Staat erfüllt, doch der Begriff der Gerechtigkeit scheint immer weiter ausgedehnt zu werden. Beinahe erscheint es wie eine Rechtfertigung für gewisse staatliche Maßnahmen. Problematisch ist momentan der Umgang mit Flüchtlingen. Der Staat unterstützt die eigenen Bürger in der Sozialen Marktwirtschaft durch seine Leistungen. Die eigenen Bürger leben und arbeiten, um gewisse Sozialleistungen des Staats in Anspruch nehmen zu können. Auf der anderen Seite werden jedoch Unterkünfte für Flüchtlinge gebaut und es wird Geld zur monatlichen Nutzung verteilt. Es ist verständlich, dass sich der Staat hier solidarisch zeigen muss. Jedoch ist es eine große Herausforderung für Deutschland, die eigenen Bürger dabei nicht zu vernachlässigen. Auch in meiner Umfrage wurde angemerkt, dass Deutschland zunächst nach seinen eigenen Bürgern schauen soll. Laut einer Aussage bekommen Flüchtlinge im Vergleich zu manchen Familien in Deutschland im Verhältnis zu viel Geld und werden noch bezuschusst. Außerdem stellte ich die Frage, ob die Befragten sich durch die Zuwanderung der Flüchtlinge vom Staat benachteiligt fühlen. Doch die Ergebnisse machen deutlich, dass sich 100 Befragte gar nicht vom Staat benachteilig fühlen. Lediglich 14 Befragte fühlen sich sehr benachteiligt.

---

[13] Vgl. Becker, Finanzwissenschaftliche Steuerlehre, S. 44.

2.2 Der Wirtschaftskreislauf

Da sich der Staat in der Sozialen Marktwirtschaft beteiligt und den Menschen unter die Arme greift, müssen nun die Strukturen und Zusammenhänge des Marktes genauer erklärt werden. Um die Aktivitäten einer Volkswirtschaft abzubilden wird ein einfaches Modell, der sog. Wirtschaftskreislauf, verwendet.[14] Der Wirtschaftskreislauf ist das grundlegende Modell der Volkswirtschaftslehre. Der Ursprung dieser Darstellung der wirtschaftlichen Abläufe geht auf den französischen Arzt Francois Quesnay (1883-1946) zurück.[15]

Da die Realität in all ihren Beziehungen heutzutage viel zu komplex ist, wird die Ansicht der wirtschaftlichen Zusammenhänge in einem Modell immer wichtiger. Diese komplexe und umfassende Wirklichkeit wird in einem Modell stark vereinfacht dargestellt. Doch gerade durch diese einfache Ansicht, können entsprechende Ableitungen zu bestimmten Überlegungen entwickelt werden z. B. die Wirkung von staatlichen Maßnahmen.[16] Wichtig ist dabei der Transfer in die Realität, da die vereinfachen Ansätze an die reale Marktwirtschaft angepasst werden müssen.

Die Beteiligten einer Volkswirtschaft treffen gewisse Entscheidungen und diese Entscheidungsträger werden im Kreislauf Wirtschaftssubjekte genannt. Das wichtigste Merkmal ist grds. die selbständige Entscheidungsmöglichkeit. [17] Dabei zeigt der Wirtschaftskreislauf, wie die einzelnen Subjekte miteinander agieren und Güter sowie Forderungen übertragen. Diese Übertragung kann entweder entgeltlich in Form eines Tausches oder unentgeltlich in Form einer Schenkung erfolgen.[18] Da die wirtschaftlichen Zusammenhänge der einzelnen Beziehungen sehr vielseitig sind, werden im Kreislaufmodell ähnliche Subjekte zu Sektoren zusammengefasst.

Abbildung 2: Der Wirtschaftskreislauf (siehe Anhang)

In dieser Abbildung ist der einfache Wirtschaftskreislauf dargestellt. Es werden hier lediglich die Sektoren Haushalte („HH") und Unternehmen („U") abgebildet und ihre Tauschbeziehungen zueinander. Aus Vereinfachungsgründen wird vom Staat und vom Ausland zunächst abgesehen. So entsteht eine kleine, in sich

---

14 Vgl. Weeber, Einführung in die Volkswirtschaftslehre, S. 89.
15 Vgl. Edling, Volkswirtschaftslehre schnell erfasst, S. 11.
16 Vgl. Ebenda, S. 5.
17 Vgl. Wagenblaß, Volkswirtschaftslehre, öffentliche Finanzen und Wirtschaftspolitik, S. 2.
18 Vgl. Buscher / Dornau / Heinemann, Die Wirtschaft, S. 42.

geschlossene, Volkswirtschaft.[19] Der Wirtschaftskreislauf besteht aus Strömen, die die Wirtschaftstätigkeit eines Gebiets in einem bestimmten Zeitraum zum Ausdruck bringen.[20] In diesem Kreislauf bieten die Haushalte den Unternehmen ihre Arbeitskraft an und bekommen dafür ihren Lohn (Geldstrom). Im Kreislauf wird angenommen, dass dieses Einkommen sofort wieder durch den Kauf von Gütern aufgebraucht wird (Güterstrom) und die Haushalte somit nicht sparen.[21] An diesem einfachen Wirtschaftskreislauf wird die starke Vereinfachung der Realität deutlich. Denn diese Vorgänge sind heutzutage so gut wie gar nicht mehr in der Wirtschaft vorzufinden. Zum Sektor Haushalt zählen aktuell auch die Flüchtlinge. Viele stellen ihre Arbeitskraft zur Verfügung und erhalten dafür Lohn. Ihr erarbeitetes Einkommen geben sie teilweise auch wieder für Güter aus. Dieser Transfer ist grundsätzlich möglich, jedoch kommen in der Realität unzählige weitere Faktoren wie das Sparen oder staatliche Abgaben hinzu.

Doch auch der einfache Wirtschaftskreislauf kann durch weitere Sektoren erweitert werden. Beim erweiterten Wirtschaftskreislauf werden die bereits vorhandenen Sektoren des einfachen Wirtschaftskreislaufs durch weitere ergänzt. Je nach Anwendung des Modells werden die folgenden Sektoren in Betracht gezogen oder teilweise ausgeschlossen. Möglich wäre hierbei die Ergänzung um die Sektoren „Ausland" oder „Staat". Der Sektor „Ausland" beschreibt jegliche Unternehmen, welche sich im Ausland aufhalten, ihre Tätigkeit jedoch im Inland ausführen. Auf den Sektor Ausland kann im Rahmen dieser Arbeit jedoch nicht genauer eingegangen werden. Bei der Untersuchung des erweiterten Wirtschaftskreislaufs möchte ich jedoch den Sektor „Staat" näher betrachten.

Der Staat tritt auf dem Markt als Käufer von Produktionsfaktoren, Waren und Dienstleistungen in Erscheinung. Er beschäftigt Arbeitnehmer, Angestellte und Beamte. Dadurch schafft er Einkommen und produziert Güter, die er mehr oder weniger unentgeltlich zur Verfügung stellt. Das wichtigste Unterscheidungsmerkmal des Staates, im Vergleich zu anderen wirtschaftlichen Sektoren eines Wirtschaftskreislaufs, ist die Wahrnehmung hoheitlicher Aufgaben. Das bedeutet, dass der Staat sich auf hohe Gewalt stützen kann und hat außerdem die Möglichkeit

---

[19] Vgl. Edling, Volkswirtschaftslehre schnell erfasst, S. 11f.
[20] Vgl. Brümmerhoff / Grömling, Finanzwirtschaft, S. 19.
[21] Vgl. Buscher / Dornau / Heinemann, Die Wirtschaft, S. 42.

Zwangsmaßnahmen zu ergreifen.[22] Die Einnahmenseite des Sektors Staat besteht aus Erwerbseinkünften staatlicher Unternehmen, Gebühren und Beiträgen für staatliche Dienstleistungen sowie aus Steuern. Auf der Seite der Ausgaben befinden sich Posten wie Ausgaben für den Kauf von Produktionsfaktoren und Gütern, Ausgaben für Transferzahlungen an private Haushalte sowie Ausgaben für Subventionen an Unternehmen. Außerdem nimmt der Staat Schulden auf und gewährt Kredite.[23] Zum Sektor Staat gehören die Gebietskörperschaften (insbesondere Bund, Länder und Gemeinden), sowie die Träger der Sozialversicherung (Renten-, Kranken-, Unfall-, Pflege und Arbeitslosenversicherung).[24]

2.3 Hauptfunktionen des Staates in der Marktwirtschaft

Durch die Betrachtung des Wirtschaftskreislaufs wird deutlich, dass der Staat eine wichtige Rolle in der Sozialen Marktwirtschaft spielt und wie sich diese gestaltet. Allein der Anteil der Staatsausgaben am BIP (die sog. Staatsquote) betrug im Jahr 2006 44,2 Prozent. Der Wert verbleibt auch in den folgenden Jahren konstant in diesem Bereich. Damit wird deutlich, dass fast die Hälfte der verfügbaren Ressourcen staatlich gelenkt wird.[25]

Da lediglich der Staat die Wahrnehmung hoheitlichen Aufgaben übernehmen darf, wurden ihm einige Aufgaben zugewiesen. Diese teilen sich auf in drei große Bereiche. Die erste Aufgabe ist die Umverteilungsfunktion. Die Umverteilung bewirkt ein gewisses Maß an Umverteilung von den reicheren Mitgliedern einer Gesellschaft zu den ärmeren und verhindert die existenzielle Armut. Auch in der Sozialen Marktwirtschaft wird im Rahmen der Umverteilungsfunktion in die Verteilung des Einkommens und Vermögens eingegriffen. Dabei wird das Ziel verfolgt das Einkommen so umzuverteilen, dass eine Versorgung der Bürger mit Gütern möglich wird, die den sozialpolitischen Zielsetzungen der Gesellschaft entspricht.[26] Diese Umverteilung erreicht der Staat entweder bei der Einnahmenerhebung oder durch entsprechende Gestaltung der Staatsausgaben.[27] Zu den Instrumenten einer

---

22 Vgl. Graf, Grundlagen der Finanzwissenschaft, S. 3.
23 Vgl. Dickertmann / Gelbhaar, Finanzwissenschaft, S. 27-29.
24 Vgl. Sperber, Wirtschaft verstehen, nutzen, ändern, S. 109.
25 Vgl. Baßeler / Heinrich / Utrecht, Grundlagen und Probleme der Volkswirtschaft, S. 395.
26 Vgl. Edling, Volkswirtschaftslehre schnell erfasst, S. 37.
27 Vgl. Wagenblaß, Volkswirtschaftslehre, öffentliche Finanzen und Wirtschaftspolitik, S. 182.

Umverteilungspolitik zählen Vermögens- und Erbschaftsteuer oder auch die Festsetzung von Höchst- und Mindestpreisen.[28]

Eine weitere Aufgabe des Staates ist die Stabilisierungsfunktion. Die Gemeinwohlziele des Staates sind Stabilität des Preisniveaus, hoher Beschäftigungsstand und ein angemessenes Wirtschaftswachstum. Doch diese Ziele werden durch die konjunkturell bedingten Schwankungen gefährdet. Somit hat der Staat die Verantwortung, diesen Schwankungen mit Hilfe einer antizyklischen Geld- und Fiskalpolitik entgegenzuwirken.[29] Dies wird durch präventive Maßnahmen erreicht, um diese Schwankungen im vornherein zu verhindern oder möglichst zu dämpfen. Da die Wirtschaftsschwankungen im Laufe der Geschichte der Bundesrepublik Deutschland konjunktureller Natur waren, wird die Aufgabe der Stabilisierungsfunktion durch eine aktive Konjunkturpolitik als erfüllt angesehen. Zur Stabilisierungsfunktion gehören darüber hinaus alle wirtschaftspolitischen Maßnahmen, die der Erhaltung bzw. Wiederherstellung des gesamtwirtschaftlichen Gleichgewichts dienen. In Deutschland ist die Stabilisierungsfunktion des Staates im Gesetz zur Förderung der Stabilität und des Wachstums der Wirtschaft (StabG) verankert.[30]

Die dritte Aufgabe des Staates ist die Allokationsfunktion. Hierbei hat der Staat die Aufgabe, ineffiziente Marktergebnisse zu korrigieren. Aufgrund von Marktunvollkommenheiten oder Marktversagen ist der Markt nicht immer in der Lage, die Zuteilung der Produktionsfaktoren derart zu lenken, dass mit dem gegebenen Bestand an Ressourcen ein Maximum an Gütern hergestellt wird. Somit ist es auch schwer, die Produktion bestmöglich an die Anforderungen der Wirtschaftssubjekte auszurichten.[31] Eine häufig vorgenommene Maßnahme ist hier die Bereitstellung von öffentlichen Gütern für die Allgemeinheit.

2.4 Der öffentliche Haushalt

Eine zentrale Rolle im politischen Willensbildungs- und Entscheidungsprozess spielt der jährliche Haushalt (Budget). Er ist eines der wichtigsten Instrumente des Staates zur Planung der Höhe und der Struktur staatlicher Einnahmen und Ausgaben. Im Budget kommt das fundamentale Recht des Parlaments zum Ausdruck, über die Ausgaben- und Einnahmenpolitik der Regierung entscheiden zu dürfen

---

28 Vgl. Edling, Volkswirtschaftslehre schnell erfasst, S. 40.
29 Vgl. Ebenda, S. 43.
30 Vgl. Wagenblaß, Volkswirtschaftslehre, öffentliche Finanzen und Wirtschaftspolitik, S. 183f.
31 Vgl. Edling, Volkswirtschaftslehre schnell erfasst, S. 44.

und das Regierungshandeln zu kontrollieren. Aus der Sicht des Parlaments kommt ihm somit eine bedeutende parlamentarische Kontrollfunktion zu. Aus der Sicht der Regierung ist das Budget vor allem ein Planungsinstrument (politische Programmfunktion). Da sich staatliches Handeln meist in Einnahmen und Ausgaben niederschlägt, kann der öffentliche Haushalt als das in Zahlen erfasste Handlungsprogramm einer Regierung bezeichnet werden.[32]

Bei der Betrachtung des Haushalts in Deutschland befindet man sich mitten in der Finanzwissenschaft, einem Teilbereich der öffentlichen Finanzwirtschaft. Damit bezeichnet man genauer gesagt die Lehre der Einnahmen und Ausgaben der Gebietskörperschaften und Sozialversicherungsträgern. Die Auswirkungen der wirtschaftspolitischen Auseinandersetzung kennzeichnen sich durch Steuererhöhungen oder durch den Abbau von Subventionen.[33] Die finanzwissenschaftliche Funktion (Deckungsfunktion) des öffentlichen Haushalts besteht darin, dass der Staat, wie jedes Unternehmen, auf die Deckung der Ausgaben durch die Einnahmen achtet. Eine wirtschafts- und sozialpolitische Funktion erfüllt der öffentliche Haushalt, wenn die öffentlichen Finanzen zur Erreichung entsprechender Ziele eingesetzt werden, also z. B. zur Einkommensumverteilung. Die administrative Lenkungsfunktion wird deutlich durch die Zusammenführung der Budgets der einzelnen Ressorts und bietet die Grundlage für eine Lenkung der finanzwissenschaftlich relevanten Tätigkeiten. Die Regierung hat ihr finanzpolitisches Programm dem Parlament zur Beschlussfassung vorzulegen. Dadurch wird die parlamentarische Funktion des Budgets charakterisiert. Die Einteilung in die Ressorts erleichtert es, nach Ablauf der Budgetperiode die Verantwortlichen für etwaige Abweichungen von der Budgetvorgabe zu ermitteln (Kontrollfunktion).[34]

Abbildung 3: Der Haushaltskreislauf (siehe Anhang)

In dieser Abbildung ist der Haushaltskreislauf ersichtlich und der gesetzlich vorgeschriebene Ablauf eines Haushaltsplans im parlamentarischen System. Gesetzlich ist dieser Haushaltskreislauf im Art. 110 Abs. 2 GG normiert und bestimmt die Festlegung des Haushaltsplans durch das Haushaltsgesetz. Er setzt sich aus vier

---

[32] Vgl. Edling, Volkswirtschaftslehre schnell erfasst, S. 59.

[33] Vgl. Zimmermann / Henke / Broer, Finanzwissenschaft – Eine Einführung in die Lehre von der öffentlichen Finanzwirtschaft, S. 3.

[34] Vgl. Scherf, Öffentliche Finanzen, S. 41+42.

verschiedenen Phasen zusammen, in denen auch die Entscheidungsträger wechseln. Zuerst wird der Entwurf durch die Exekutive aufgestellt, danach folgt die parlamentarische Beratung und Feststellung und schließlich die Ausführung durch die Verwaltung, sowie die Haushaltskontrolle durch den Bundesrechnungshof. Der komplette Budgetkreislauf dauert in der Regel knapp drei Jahre.[35]

Die Finanzverfassung bestimmt den rechtlichen Rahmen, an den die staatlichen Institutionen in ihrem finanzwirtschaftlichen Verhalten gebunden sind. Der Bund und die Länder sind in ihrer Haushaltswirtschaft selbständig und voneinander unabhängig (Art. 109 GG). Selbständigkeit bedeutet, dass Gebietskörperschaften im Rahmen der bundesverfassungsmäßigen Ordnung jeweils gesondert ihre eigenen Haushaltsmittel unter eigener Gestaltungsfreiheit verplanen, bewirtschaften, abrechnen und kontrollieren. Dabei erfolgt keine gemeinsame Aufstellung aller Haushaltsposten.[36] Im Anschluss des Haushaltsjahres erfolgt eine Kontrolle, die in erster Instanz vom Bundesrechnungshof durchgeführt und dabei ein Prüfbericht erstellt wird. Der Kreislauf endet schließlich mit der Entlastung der Regierung durch den Bundestag und den Bundesrat.[37]

Laut bundeshaushalt-info betrugen in 2016 die geplanten Ausgaben für die Stelle Integration und Migration, Minderheiten und Vertriebene 752.748.000 Euro. Unter diesen Posten fallen verschiedene Ausgaben an. Doch der größte Anteil hierbei beträgt, mit knapp 75 Prozent, die Durchführung von Integrationskursen in Höhe von 559.007.000 Euro.[38] Anhand der nachfolgenden Grafik erkennt man auch den stetigen Anstieg der Ausgaben des Bereichs in den Jahren 2014 und 2015. Zum Zeitpunkt der Ausarbeitung meiner Bachelorarbeit lagen die Ist-Werte für den Haushalt 2016 noch nicht vor. Doch allein der Vergleich der Jahre 2014 und 2015 macht den Anstieg deutlich.

Abbildung 4: Anstieg der Ausgaben (siehe Anhang)

In diesem Zusammenhang wird auch der Begriff Fiskalpolitik genannt. Dieser Teil beschäftigt sich mit den Änderung der Staatseinnahmen und -ausgaben, um Konjunkturausschläge zu dämpfen. Dies erreicht man durch ein antizyklisches

---

[35] Vgl. Edling, Volkswirtschaftslehre schnell erfasst, S. 60+61.
[36] Vgl. Brümmerhoff / Büttner, Finanzwissenschaft, S. 136.
[37] Vgl. Baßeler / Heinrich / Utrecht, Grundlagen und Probleme der Volkswirtschaft, S. 428 f..
[38] Vgl. Bundesministerium der Finanzen: Bundeshaushalt.

Vorgehen. In der Rezession werden die Staatsausgaben erhöht und die Steuern gesenkt (expansive Fiskalpolitik). Damit soll die gesamtwirtschaftliche Nachfrage auf einem Niveau gehalten werden, das einen hohen Beschäftigungsstand bei Preisniveaustabilität ermöglicht.[39]

Doch die Fiskalpolitik gilt aus mehreren Gründen als problematisch. Zum einen besteht die Gefahr, dass der Wirtschaftsablauf durch staatliche Investitionen nicht geglättet, sondern destabilisiert wird. Außerdem kann viel Zeit vergehen, bis die konjunkturelle Situation richtig erkannt wird, daraufhin Maßnahmen beschlossen und durchgeführt werden und diese dann Wirkung zeigen.[40]

---

[39] Vgl. Sperber, Wirtschaft verstehen, nutzen, ändern, S. 118.
[40] Vgl. Ebenda, S. 119.

3 Staatliche Maßnahmen

Aufgrund der Aufgaben des Staates und der Wahrnehmung der hoheitlichen Aufgaben in der Marktwirtschaft sind gewisse Maßnahmen erforderlich, um gesetzte Ziele zu erreichen und die Wirtschaft zu koordinieren. Hierbei befindet man sich im Bereich der Wirtschaftspolitik. Allgemein kann man die Wirtschaftspolitik als Summe aller Maßnahmen zur Gestaltung des Wirtschaftslebens definieren. Die Theorie der Wirtschaftspolitik beschäftigt sich mit der Beschreibung und Erklärung der wirtschaftlichen Lage, untersucht Motive und Konsequenzen wirtschaftspolitischen Handelns, analysiert Ziele, den Einsatz von Instrumenten und erstellt Prognosen über die Wirkung geplanter Maßnahmen.[41] Da dem Staat in der Sozialen Marktwirtschaft eine aktive Rolle bei der Gestaltung des Wirtschaftsgeschehens zugewiesen wird, kommt er in erster Linie als Träger der Wirtschaftspolitik in Frage. Die Träger der Wirtschaftspolitik sind alle Institutionen, die durch ihr Handeln einen maßgeblichen Einfluss auf die Wirtschaftsordnung, den Wirtschaftsablauf und die Wirtschaftsstruktur eines Landes nehmen können (potenzielle Träger) und auch tatsächlich nehmen (aktuelle Träger).[42] Die Träger treffen ihre Entscheidungen auf Grundlage, die ihnen von der Gesellschaft (i.d.R. von den Wählern) zuerkannt wurde. Gleichzeitig verfügen sie über die legitimierte staatliche Zwangsgewalt zur Durchsetzung dieser Entscheidungen. Die Träger der nationalen Wirtschaftspolitik wären im staatlichen Sektor die Legislative (Bundestag, Bundesrat), Exekutive (Bundesregierung) und Judikative (BVerfG).[43] Das generelle Hauptziel der Wirtschaftspolitik ist die Sicherung der marktwirtschaftlichen Ordnung in Deutschland sowie Erhaltung bzw. die Wiederherstellung des gesamtwirtschaftlichen Gleichgewichts, was in § 1 StabG festgelegt wurde.[44]

Die Maßnahmen und Vorgehensweisen des Staates wurden in verschiedene Teilbereiche eingeteilt. Die Finanzpolitik beispielsweise umfasst alle Maßnahmen des Staates, die sich auf die Gestaltung und Erhebung öffentlicher Einnahmen, die Art und Höhe der öffentlichen Ausgaben, sowie den Finanzausgleich richten. Dabei versucht der Staat allgemeine oder auch spezielle gesellschaftspolitische Ziele zu

---

[41] Vgl. Fredebeul-Krein / Koch / Kulessa, Grundlagen der Wirtschaftspolitik, S. 17.

[42] Vgl. Wagenblaß, Volkswirtschaftslehre, öffentliche Finanzen und Wirtschaftspolitik, S. 234-236.

[43] Vgl. Fredebeul-Krein / Koch / Kulessa, Grundlagen der Wirtschaftspolitik, S. 45-47.

[44] Vgl. Wagenblaß, Volkswirtschaftslehre, öffentliche Finanzen und Wirtschaftspolitik, S. 241.

erreichen und wirtschaftspolitische Entwicklungen zu beeinflussen. Die Steuerpolitik hingegen versucht die wirtschafts- und gesellschaftspolitischen Ziele durch Maßnahmen mittels der Erhebung von Zwangsausgaben ohne spezielle Gegenleistung zu erreichen.[45]

3.1 Marktkonträre Eingriffe

Eine Möglichkeit des staatlichen Eingriffs ist der marktkonträre Eingriff. Hierbei wird der Preis in einem bestimmten Maße direkt von außen beeinflusst. Der Preismechanismus wird dabei außer Kraft gesetzt und soll die Nachfrage und Anbieter auf dem Markt schützen. Allgemeine Beispiele wären hier etwa ein Preisstopp oder einen staatlich festgelegten (administrativen) Preis, bei dem der Preis für Anbieter und Nachfrager nicht länger Signalfunktion hat.[46] In diesem Zusammenhang gibt es die Mindest- und Höchstpreise, welche auch in den Nachrichten.

3.1.1 Mindestpreise

Der Staat hat die Aufgabe für eine Wohlfahrt der Wirtschaft in Deutschland zu sorgen. So muss er auch den Schutz gewisser Gruppen gewährleisten. Wenn z. B. in der Landwirtschaft der Milchpreis fällt, muss der Staat eingreifen und einen Mindestpreis festlegen, der über dem gewöhnlichen Marktpreis liegt. Dieser festgelegte Preis darf in dem Fall nicht unterschritten werden. Denn zu niedrige Preise könnten vor allem die Existenz kleinerer Unternehmen gefährden. Da jedoch der Preis erhöht wird, sind Konsumenten nicht bereit, die gleiche Menge zu kaufen. Die Nachfrage zu einem höheren Preis wird daher zurückgehen. Somit verbleibt bei den Unternehmen ein sog. Überangebot. Da der Staat den Mindestpreis eingeführt hat, so muss er auch dafür sorgen, dass durch das Vernichten des Überangebots (z. B. wegschmeißen von Gütern) keine Verluste entstehen. Also kauft der Staat dieses Überangebot auf und vertreibt die überschüssige Ware meist in andere Länder.[47]

3.1.2 Höchstpreise

Im Gegensatz zu den Mindestpreisen, wo der Staat die Produzenten auf dem Markt schützen will, kann er durch das Festlegen von Höchstpreisen die Konsumenten auf dem Markt schützen. Dies ist häufig in Bezug auf Mietwohnungen der Fall. In

---

[45] Vgl. Fredebeul-Krein / Koch / Kulessa, Grundlagen der Wirtschaftspolitik, S. 143.

[46] Vgl. Welfens, Grundlagen der Wirtschaftspolitik, S. 51.

[47] Vgl. Wagenblaß, Volkswirtschaftslehre, öffentliche Finanzen und Wirtschaftspolitik, S. 68f.

Ballungsräumen sind wenige Wohnungen vorhanden und die Nachfrage steigt, vor allem durch den Zustrom an Flüchtlingen, immer weiter. Deshalb steigt auch der Preis für bereits bestehende Wohnungen signifikant in die Höhe. Durch Festsetzung eines Höchstpreises setzt der Staat einen Preis unter dem Gleichgewichtspreis fest, welcher nicht überschritten werden darf. Damit werden weniger Wohnungen angeboten, jedoch ist die Nachfrage nun um einiges höher. Dadurch entsteht ein Nachfrageüberhang und die vorhandenen Wohnungen müssen rationiert und aufgeteilt werden. Die Gefahr hierbei ist die Entstehung des Schwarzmarkts.[48]

3.2 Marktkonforme Eingriffe

Bei marktkonformen Staatseingriffen wird, im Gegensatz zu den marktkonträren Eingriffen, der Preismechanismus nicht außer Kraft gesetzt. Beispiele für marktkonforme Eingriffe wären Subventionen für Unternehmen oder Einkommenstransferns für die Konsumenten, die beide den Marktmechanismus in seiner Signalfunktion grundsätzlich nicht beeinträchtigen. Wenn die kaufkräftige Nachfrage wächst, steigt normalerweise der Gleichgewichtspreis und die Absatzmenge erhöht sich.[49] Dieser Eingriff des Staates verschiebt lediglich die Angebots- und Nachfragekurve und somit kann sich auf dem Markt ein neuer Gleichgewichtspreis bilden.[50]

3.2.1 Subventionen

Ein beträchtlicher Teil der Staatsausgaben sind Subventionen. Das sind Geldleistungen des Staates an Unternehmen ohne die übliche Gegenleistung und spezielle Steuervergünstigungen. Einer der häufigsten Gründe für die Gewährung von Subventionen ist der Strukturwandel in der Wirtschaft als Folge der Veränderungen von Produktionsverfahren (Prozessinnovation) und die Einführung neuer Produkte (Produktinnovation).[51] Das wohl bekannteste Beispiel in diesem Zusammenhang ist die Abwrackprämie oder auch Verschrottungsprämie genannt. Hierbei erhielten Unternehmen eine finanzielle Entschädigung des Staates für das Verschrotten eines alten PKWs. Doch die Entschädigung ist an gewisse Voraussetzungen geknüpft. So muss man als Verbraucher das alte Auto eine bestimmte Zeit gehalten haben und nach der Verschrottung muss ein Neuwagen erworben werden.

---

48 Vgl. Wagenblaß, Volkswirtschaftslehre, öffentliche Finanzen und Wirtschaftspolitik, S. 69f.
49 Vgl. Welfens, Grundlagen der Wirtschaftspolitik, S. 51.
50 Vgl. Fredebeul-Krein / Koch / Kulessa, Grundlagen der Wirtschaftspolitik, S. 64.
51 Vgl. Baßeler / Heinrich / Utecht, Grundlagen und Probleme der Volkswirtschaft, S. 417f.

Selbstverständlich muss das neue Auto niedrigere Abgaswerte vorweisen um den Zweck der Umweltentlastung zu erfüllen.

3.2.2 Steuern

Der zweite marktkonforme Eingriff ist die Steuer; die wohl bekannteste Methode, die der Staat anwendet. Bei der Steuer handelt es sich um eine verpflichtete Abgabe an den Staat nach § 3 Abs. 1 AO, die jedoch keine Gegenleistung für eine besondere Leistung darstellt. Somit muss der Staat keine Leistung dafür erbringen, damit der Steuerzahler das Entgelt erbringt.[52] Somit gilt für die Steuereinnahmen grds. das Prinzip der Nichtzweckbindung und dienen zur Finanzierung der staatlichen Ausgaben.[53] Die Erzielung von Einnahmen kann dabei einen Nebenzweck darstellen. Somit sind Steuern die wichtigste, jedoch nicht die einzige Einnahmeart.[54] Denn neben den Steuern sind noch die Gebühren und Beiträge zu unterscheiden.

Gebühren sind im Gegensatz zu den Steuern Entgelte, die der Steuerbürger für Leistungen des Staates zu entrichten hat und ihm direkt einen Vorteil verschaffen. Der Gedanke dahinter ist, dass es staatliche Dienste gibt, die nur einem einzelnen Staatsbürger zu Gute kommen. Im Gegensatz zu den Gebühren entsteht die Pflicht zur Zahlung bei der mittelbaren Inanspruchnahme der Leistung und nicht aus der unmittelbaren Veranlassung staatlicher Dienste.[55] Gebühren entstehen typischerweise, wenn der Bürger die öffentliche Verwaltung in Anspruch nimmt und vorgenommene Amtshandlungen zu bezahlen hat. Beiträge werden dagegen auch von Personen erhoben, unabhängig davon, ob der Einzelne die betreffenden Leistungen auch tatsächlich in Anspruch nimmt.[56]

Die Besteuerung hat in der Wirtschaft in diesem Zusammenhang auch bestimmte Funktionen. Neben dem Ziel der Einnahmenerzielung zur Deckung des öffentlichen Finanzbedarfs (fiskalischer Zweck) sind folgende nichtfiskalische Zwecke zu unterschieden. Darunter fällt u. a. der konjunkturpolitische Zweck, bei dem die Stabilisierung von Einkommen, Beschäftigung und Preisen gesteuert werden. Hierfür kann der Staat z. B. die zulässige Abschreibung von Wirtschaftsgütern verlang-

---

52 Vgl. Scherf, Öffentliche Finanzen – Einführung in die Finanzwissenschaft, S. 165.

53 Vgl. Baßeler / Heinrich / Utecht, Grundlagen und Probleme der Volkswirtschaft, S. 400.

54 Vgl. Scherf, Öffentliche Finanzen – Einführung in die Finanzwissenschaft, S. 165.

55 Vgl. Wagenblaß, Volkswirtschaftslehre, öffentliche Finanzen und Wirtschaftspolitik, S. 215.

56 Vgl. Scherf, Öffentliche Finanzen, S. 167.

samen oder beschleunigen. Eine weitere Funktion ist der wachstumspolitische Zweck, bei dem die Beeinflussung der Einkommens- und Vermögensverteilung eine Rolle spielt. Das hierbei verwendete Instrument ist die progressive Gestaltung von Steuertarifen.[57]

Das Ziel der Besteuerung ist auch bei den Steuern die Allokation. Der Staat versucht mittels differenzierter Besteuerung eine Lenkung des Verbrauchs zu erreichen. Beispiele hierfür sind Alkohol- und Tabaksteuer. Jedoch werden diese Steuerarten kritisiert, da in der Vergangenheit die Erhöhung der Mineralölsteuer eher fiskalisch, als energie- und verkehrspolitisch motiviert war. Das zweite Ziel ist die Distribution. Durch die Besteuerung versucht der Staat eine Verteilung des Einkommens und Vermögens zu erreichen. Nicht das Leistungsfähigkeitsprinzip, sondern eine darüber hinaus gehende Besteuerung bewirkt eine Umverteilung. Das dritte Ziel ist die Stabilisierung. Durch Veränderungen der Besteuerung und des verfügbaren Einkommens lassen sich expansive und restriktive Nachfrageeffekte erzielen. Beispiel könnte eine konjunkturpolitisch motivierte Einflussnahme auf die Investitionen sein, etwa über Abschreibungsvergünstigungen oder Investitionsprämien.[58]

---

[57] Vgl. Weeber, Einführung in die Volkswirtschaftslehre, S. 130.
[58] Vgl. Scherf, Öffentliche Finanzen, S. 170.

4 Eingriffe des Staates

Nachdem die Rolle des Staates auf dem Markt genauer analysiert wurde und auch die staatlichen Maßnahmen beleuchtet wurden, werden in diesem Kapitel die Eingriffe und deren Auswirkungen genauer untersucht. Durch die hohe Komplexität der wirtschaftlichen Strukturen sind zunächst aussagekräftige Indikatoren notwendig. Daran misst der Staat die wirtschaftliche Leistung und erkennt somit, wann ein Eingriff nötig ist. Anschließend folgen Beispiele zu Eingriffen in der Vergangenheit und die aktuellen Überlegungen und Regelungen in der Flüchtlingskrise.

4.1 Der Konjunkturzyklus

Um staatliche Maßnahmen in die Wege leiten zu können, ist es wichtig zu wissen wann und in welchem Maße dies erfolgen muss. Zu den Aufgaben des Staates zählt u. a. die Prävention und Dämpfung der konjunkturellen Schwankungen. Ein wichtiges Instrument, um die wirtschaftliche Lage in Deutschland anschaulich darzustellen, ist der Konjunkturzyklus. Gemessen wird die wirtschaftliche Leistungsfähigkeit durch das Bruttoinlandsprodukt (BIP). Dabei wird das reale BIP verwendet, bei dem die wirtschaftliche Leistung unabhängig von Preisveränderungen durch die Inflation dargestellt wird. Der Konjunkturzyklus wird in die vier Phasen Depression, Aufschwung, Hochkonjunktur und Aufschwung eingeteilt.

Abbildung 5: Der Konjunkturzyklus (siehe Anhang)

Die Phase des Abschwungs und verstärkt die Depression wird durch den Rückgang des Volkseinkommens, erhöhte Arbeitslosigkeit in vielen Bereichen der Wirtschaft, sowie durch ein relativ niedriges Preisniveau charakterisiert. In der Phase des Aufschwungs steigt das Volkseinkommen wieder an, die Arbeitslosigkeit geht zurück und das Preisniveau bleibt zunächst mehr oder weniger konstant. Wenn Hochkonjunktur herrscht, zeigen sich dann beginnende Überhitzungserscheinungen, die gegen Ende durch hohe Preissteigerungen, übermäßiges Wachstum des BIP und Überbeschäftigung besonders ausgeprägt sind.[59] Durch die hohen Zuwanderungszahlen in der Flüchtlingskrise könnte zudem die Wirtschaft angekurbelt werden. Denn die Nachfrage auf dem Markt ist gestiegen und es werden auch viele

---

[59] Vgl. Wagenblaß, Volkswirtschaftslehre, öffentliche Finanzen und Wirtschaftspolitik, S. 251+252.

Arbeitsplätze gesucht. So werden viele Waren und Dienstleistungen in Anspruch genommen und die Arbeitslosigkeit geht dabei zurück. Außerdem sind die Zinsen auf einem Tiefstand von 0,0 Prozent und die Konsumenten werden indirekt dazu aufgefordert, Geld zu investieren, anstatt zu sparen. Ob sich die Zuwanderung der Flüchtlinge als förderndes Konjunkturprogramm rausstellt, bleibt abzuwarten.

Der Staat versucht nun also laut diesem Konjunkturzyklus gewisse Maßnahmen zu treffen. Dabei versucht er den konjunkturellen Ausschlägen antizyklisch entgegen-zuwirken. Wenn sich also die Wirtschaft in einer Hochkonjunktur befindet, muss die Investitionsfreudigkeit gesenkt werden, damit nicht überkonsumiert wird. Falls sich die Wirtschaft in der Depression befindet, muss wieder die Konsumfreudigkeit angeregt werden. Doch in der Praxis stehen die Aussichten für eine erfolgreiche antizyklische Steuerpolitik eher schlecht. Die Wirkungen sind indirekt und unsi-cher, die Zeitverzögerungen sind kaum kalkulierbar und kaum steuerbar, und die Akzeptanz beim Bürger ist vermutlich gering. Daher wird eine antizyklische Steu-erpolitik auch kaum noch durchgeführt, allenfalls zur Bekämpfung einer außeror-dentlichen Krise.[60]

4.2 Beispiele von Eingriffen und die Auswirkungen

Die degressive AfA ist ein Beispiel für den Eingriff des Staates zu bestimmten Zeiten in der Wirtschaft. Generell handelt es sich bei der AfA um die Verteilung der An-schaffungs- oder Herstellungskosten eines Wirtschaftsguts über einen bestimmten Zeitraum.[61] Der Grundsatz ist die lineare AfA, bei der die Abschreibung mit gleich-bleibenden Jahressätzen erfolgt. Eine Ausnahmeregelung ist hierbei der § 7 Abs. 2 EStG, in der die degressive AfA von beweglichen Wirtschaftsgütern geregelt wird. Der Abschreibungssatz der degressiven AfA beträgt höchstens 25 Prozent des Rest-buchwerts des Vorjahres und ist somit variabel. Durch Anwendung dieser Regelung entsteht auch ein größerer Aufwand durch Abschreibung in den ersten Jahren der Nutzung, wodurch der Unternehmer einen attraktiven Liquiditätsvorteil erlangt. Diese Vorschrift ist jedoch nur auf die Anschaffung oder Herstellung beweglicher Wirtschaftsgüter nach dem 31. Dezember 2008 und vor dem 01. Januar 2011 an-wendbar. Angewendet wurde diese Vorschrift zur Zeit der Wirtschaftskrise, damit die Wirtschaft wieder angekurbelt werden konnte. Die degressive AfA ist auch für Gebäude möglich und ist im § 7 Abs. 5 EStG geregelt. In den darin genannten

---

60 Vgl. Baßeler / Heinrich / Utecht, Grundlagen und Probleme der Volkswirtschaft, S. 444.
61 Vgl. Schmidt, Einkommensteuergesetz Kommentar, S. 712.

Nummern geht es um die Abschreibung in verschiedenen Abschreibungssätzen über einen festgelegten Zeitraum. Die letzte Anwendung fand für Gebäude statt, die nach dem 31. Dezember 2003 und vor dem 01. Januar 2006 angeschafft oder hergestellt wurden. Durch die Vielzahl der gesetzlich festgelegten Zeiträume wird deutlich, dass diese Vorschrift jederzeit durch eine neue Regelung ergänzt werden kann um die Wirtschaft zu fördern.

Das zweite Beispiel ist die Mietpreisbremse. Durch die Mietpreisbremse soll die maßlose Erhöhung der Mieten gedämpft werden, damit die Mietobjekte bezahlbar bleiben. Die Mietpreisbremse trat am 01. Mai 2015 in Kraft und wurde mit der Zeit sukzessive in weiteren Bundesländern durchgesetzt. Sie sieht vor, dass die Miete in Gemeinden mit angespannten Wohnungsmärkten bei Neuvermietungen die „ortsübliche" Vergleichsmiete nicht mehr als 10 Prozent übersteigen soll.[62] Doch wie es sich herausstellt, nutzen die Mieter die Mietpreisbremse nicht. Denn um die Mietpreisbremse als Mieter wirklich nutzen zu können, muss man Klage erheben und das taten bis jetzt nur sehr wenige. Lediglich Heiko Maas von der SPD wertet eine einzelne Gerichtsentscheidung in Berlin als Erfolg. Doch der Deutsche Mieterbund kritisiert die Mietpreisbremse als wirkungslos und fordert daher eine Nachbesserung.[63]

4.3 Erste Überlegungen und Maßnahmen in der Flüchtlingskrise

Durch die hohe Anzahl an Flüchtlingen musste der Staat Maßnahmen zur Koordinierung und Finanzierung finden. Aus diesem Grund überlegten sich viele Politiker Maßnahmen, um diese Probleme in den Griff zu bekommen. Dabei wurden diverse Ideen in Betracht gezogen um dieses Ziel zu erreichen. Die folgenden Vorschläge wurden zwar vorgestellt, konnten jedoch aus bestimmten Gründen nicht umgesetzt werden.

Die erste Überlegung war eine Sonderabgabe für die Flüchtlingshilfe auf jeden Liter Benzin, weshalb sie auch Benzinsteuer genannt wurde. Dieser Vorschlag kam vom Finanzminister Wolfgang Schäuble und würde sowohl die Mineralölsteuer, als auch die Mehrwertsteuer betreffen. Der Grund war eine gemeinsame europäische Finanzierung der Flüchtlingskrise. Darunter zählten die Grenzsicherung der EU-Staaten mit Außengrenzen und die Verbesserung der Lebensbedingungen in den

---

[62] Vgl. Bundesministerium für Justiz und Verbraucherschutz: Mietpreisbremse Bund.
[63] Vgl. Böckmann, Christoph: Mieter nutzen Mietpreisbremse nicht.

Herkunftsländern der Flüchtlinge. Doch auf der anderen Seite hat die Bundeskanzlerin Angela Merkel im Oktober 2015 versichert, dass es keinerlei Zusatzabgabe oder Steuererhöhungen aufgrund der Flüchtlingskrise geben werde. Deshalb wurde der Vorschlag der Benzinsteuer nur kurz besprochen und war nach ein paar Stunden wieder vom Tisch, da dieser von vielen heftig kritisiert wurde.[64] Aber auch der Großteil der Befragten in meiner Umfrage ist gegen eine zusätzliche Abgabe für Flüchtlinge. Jedoch waren viele der Meinung, dass in der Flüchtlingskrise eine europäische Lösung gefunden werden muss, was letztendlich auch das Ziel Schäubles war.

Weitere Überlegungen kamen von Horst Seehofer. Zunächst hat er sich mit Wolfgang Schäuble und Angela Merkel auf die Abschaffung des Solidaritätszuschlags geeinigt. Doch auf einmal macht Seehofer eine Wende. Aufgrund der hohen Einwanderungszahlen überdenkt er die Abschaffung des Solidaritätszuschlags, da sonst kein finanzieller Spielraum vorhanden sei. Doch viele Bürger sind der Ansicht, dass der Soli längst überholt sei. Eingeführt wurde dieser zur Finanzierung Deutschland während des Golfkrieges und schließlich zur Deckung der Kosten für die Wiedervereinigung. Angesichts der hohen Einnahmebeträge ist der Solidaritätszuschlag eine Einnahmequelle für den Bund, die nicht so leicht aufgegeben werden will.[65]

4.3.1 Gesetzesentwurf zur steuerlichen Förderung des Mietwohnneubaus

Im Zuge der Flüchtlingskrise und der erhöhten Belastung für Deutschland hat man sich die Einführung eines § 7b EStG überlegt. Das Ziel hierbei war die Förderung des Wohnungsausbaus in Ballungsgebieten. Schon seit längerer Zeit herrscht Wohnungsnot in Deutschland und durch die vielen Flüchtlinge wird es immer schwieriger eine bezahlbare Wohnung zu finden. Deshalb sollten durch diese Regelung Neubauten in einem bestimmten Zeitraum gefördert werden, damit die Wohnungsnot sinkt und mehrere Wohnungen bezahlbar werden. Auch aufgrund der hohen Einwanderungszahlen möchte der Staat die Bürger hier unterstützen. Das Bundeskabinett hat hierzu einen Entwurf der Bundesregierung gewilligt.[66]

---

[64] Vgl. Gammelin, Cerstin: Warum Schäuble eine Sonderabgabe für Flüchtlinge vorschlägt.

[65] Vgl. Winkhaus, Uta: Kommt nun doch der „Flüchtlings-Soli"?.

[66] Vgl. Bundesministerium für Finanzen: Bundeskabinett bewilligt billigt Gesetzentwurf zur steuerlichen Förderung des Mietwohnneubaus.

Im Gesetzesentwurf zum § 7b EStG werden die Probleme und das Ziel, die Lösung und eventuelle Alternativen aufgezählt. Ursachen der Probleme seien die gestiegenen Mieten und Kaufpreise durch die wachsenden Haushaltszahlen. Daraus resultiert die Schwierigkeit eine bezahlbare Wohnung zu finden. Der Staat möchte nun den Neubau fördern, um diese hohe Nachfrage zu decken und die Bezahlbarkeit für die unteren Einkommensgruppen fördern. Die Lösung ist eine Förderung des Neubaus die sich an Bauunternehmer richtet. Dabei gibt es laut Entwurf keine Alternativen.[67]

Der geplante § 7b EStG „Sonderabschreibung für den Mietwohnungsneubau" soll nach dem § 7a EStG eingefügt werden. Grundsätzlich soll es dadurch möglich sein, innerhalb von 3 Jahren eine Abschreibung von insgesamt 29 Prozent geltend zu machen (§ 7b Abs. 1 EStG). Diese Sonderabschreibung kann auch neben der Absetzung für Abnutzung nach § 7 Abs. 4 EStG in Anspruch genommen werden. Diese Regelung findet Anwendung auf angeschaffte Gebäude, Eigentumswohnungen, Räume im Teileigentum und bei der Herstellung neuer Gebäude (§ 7b Abs. 2 Nr. 1-4 EStG). Dies betrifft also genau die Investitionen, die vom Staat beabsichtigt wurden. Doch es muss auch ein zeitlicher Rahmen gesetzt werden. Somit gilt diese Regelung nur für Bauanträge, die nach dem 31. Dezember 2015 und vor dem 01. Januar 2019 gestellt wurden (§ 7b Abs. 3 EStG). Die Anschaffungskosten dürfen zusätzlich 3.000 Euro je Quadratmeter der Wohnfläche nicht übersteigen, damit die Wohnungen für mehr Verbraucher bezahlbar bleiben, darunter auch für Flüchtlinge. Doch der Staat möchte die Förderung auf bestimmte Ballungsgebiete auslegen. § 7b Abs. 4 EStG regelt hierbei die weiteren Voraussetzungen, ab wann sich eine Wohnung in einem Fördergebiet im Sinne dieser Vorschrift befindet. Im letzten Absatz der Vorschrift wird die Bemessungsgrundlage für die Sonderabschreibung festgelegt. Hierbei werden die Anschaffungs- oder Herstellungskosten der begünstigten Investitionen nach Absatz 2 herangezogen. Jedoch gilt hier eine Obergrenze von 2.000 Euro je Quadratmeter.

Die Auswirkungen wären für die Bauunternehmer sehr vorteilhaft, da sie durch die Förderung hohe Aufwendungen in Form der Sonderabschreibung geltend machen können. Die Anzahl der Wohnungen würde dadurch steigen und auch Arbeitsplätze würden entstehen. So wäre das Problem mit den Unterkünften für Flüchtlinge gelöst und die Wirtschaft wird zusätzlich gefördert. Zudem werden die Wohnungen

---

[67] Vgl. Gesetzesentwurf Drucksache 67/16 vom 05.02.2016.

bezahlbar, da die Begünstigung nur in bestimmten Gebieten mit einer Höchstgrenze versehen wird.

Nach Diskussionen wurde dieser Entwurf jedoch fallengelassen. Der Finanzausschuss hat die geplante Beschlussfassung der Bundesregierung abgesetzt, da sich die Großkoalition nicht über Detailfragen einig werden konnte. Die SPD-Fraktion nahm dazu Stellung und ist der Auffassung, dass es Beratungsbedarf bei den Anschaffungs- und Herstellungskosten gebe und den Möglichkeiten der Nachverdichtung in bereits bebauten Gebieten. Außerdem fehlt im Entwurf eine Begrenzung der Mietpreise für die geförderten Objekte. Die CDU/CSU-Fraktion sprach über die Komplexität des Themas. Denn es reiche nicht, Dachgeschosse auszubauen, was vermutlich auf eventuelle Umgehungen der Regelungen anspielen sollte.[68]

4.3.2 Maßnahmen zur Förderung der Hilfe von Flüchtlingen

In der Flüchtlingskrise möchte nicht nur der Staat den Flüchtlingen helfen. Auch Bürger und Unternehmer, die sich persönlich und finanziell engagieren möchten, beteiligen sich daran. Um dieses Engagement zu unterstützen, wurde am 22. September 2015 das BMF-Schreiben „Steuerliche Maßnahmen zur Förderung der Hilfe für Flüchtlinge" veröffentlicht.

Am Anfang des Schreibens wird die aktuelle Flüchtlingssituation in Deutschland geschildert und auch der Grund des Schreibens. Hierbei wurde, vergleichbar mit der degressiven AfA, ein bestimmter Zeitraum festgelegt. Daher gelten die nachfolgenden Maßnahmen vom 01. August 2015 bis 31. Dezember 2016. Mit dem BMF-Schreiben vom 06. Dezember 2016 wurde das Ende des Anwendungszeitraums vom 31. Dezember 2016 auf den 31. Dezember 2018 verlängert. Somit betrifft dieses BMF-Schreiben jegliche Maßnahmen, die bis zum Ende des Jahres 2018 durchgeführt werden.

4.3.2.1 Spenden

Im ersten Punkt des BMF-Schreiben werden zunächst die Spenden angesprochen. Grundsätzlich handelt es sich bei Spenden nach § 10b EStG um freiwillige unentgeltliche Ausgaben zur Förderung mildtätiger, kirchlicher, wissenschaftlicher oder religiöser Zwecke.[69] Diese Regelung betrifft grds. die Spenden natürlicher Personen. Jedoch bezieht sich das BMF-Schreiben auf die Spenden von den dort

---

[68] Vgl. Biallas, Jörg: Förderung von Mietwohnungen abgesetzt.

[69] Vgl. Schmidt, Einkommensteuergesetz Kommentar, S. 959.

genannten Körperschaften. Diese Zuwendungen sind im § 9 Abs. 1 Nr. 2 KStG geregelt und erlaubt den Abzug von Zuwendungen in Form von Spenden zur Förderung steuerbegünstigter Zwecke. Die Höhe des Abzugs beträgt dabei höchstens 20 Prozent des Einkommens oder 4 Promille der Summe der gesamten Umsätze und aufgewendeten Löhne und Gehälter in diesem Kalenderjahr. Da nur Zuwendungen für steuerbegünstigte Zwecke in Betracht kommen, muss die Tätigkeit der Körperschaft einen Zweck nach den §§ 52 bis 54 AO verfolgen. Somit ist nach § 52 AO bei Spenden auf die Gemeinnützigkeit der Tätigkeit abzustellen. Im § 52 Abs. 2 AO gibt es eine Aufzählung, was alles unter den Begriff der Gemeinnützigkeit fällt. Darunter fällt beispielsweise die Förderung von Flüchtlingen (§ 52 Abs. 2 Nr. 10 AO). Die Tätigkeit kann aber auch auf mildtätige Zwecke ausgerichtet sein. Der Begriff der Mildtätigkeit wird im § 53 AO definiert. Dabei handelt es sich um eine Tätigkeit, bei der Personen selbstlos unterstützt werden. Nach Nummer 1 sind das beispielsweise Personen, die auf Grund ihres körperlichen, geistigen oder seelischen Zustands auf die Hilfe angewiesen sind. Nach § 54 AO sind auch kirchliche Zwecke bei Spenden möglich. Hierbei muss die Tätigkeit auf die Förderung einer Religionsgemeinschaft, welche eine Körperschaft des öffentlichen Rechts ist, gerichtet sein. Diese Voraussetzungen sind für die Anerkennung des Spendenabzugs zu erfüllen. Nachdem die Grundlagen für die jeweiligen Voraussetzungen erläutert wurden, folgt nun die Betrachtung der einzelnen Billigkeitsregelungen.

Für alle Sonderkonten, die von den genannten zur Förderung der Hilfe für Flüchtlinge eingerichtet wurden, gilt der vereinfachte Zuwendungsnachweis. Generell muss bei Spenden eine Zuwendungsbestätigung erteilt werden, wenn die Empfangsberechtigung nachgewiesen ist. In dieser Bestätigung sind Höhe und Zeitpunkt der Zuwendung anzugeben, wobei die Höhe der Beträge keine Rolle spielt. So genügt nach § 50 Abs. 2 S. 1 Nr. 1 Buchst. b S. 1 EStDV als vereinfachter Zuwendungsnachweis der Bareinzahlungsbeleg oder die Buchungsbestätigung (z. B. in Form eines Kontoauszugs).

Als erstes werden die inländischen juristischen Personen des öffentlichen Rechts genannt, die Sonderkonten zur Förderung der Hilfe von Flüchtlingen eingerichtet haben. Bei juristischen Personen des öffentlichen Rechts handelt es sich um selbständige, rechtsfähige Rechtsträger. Diese müssen in den Staatsorganismus eingegliedert sein und bestimmte öffentliche Aufgaben mit hoheitlicher Befugnis erfüllen. Dazu gehören beispielsweise Gebiets- und Personenkörperschaften wie Bund und Länder. Die zweiten Begünstigten sind grds. die inländischen öffentlichen Dienststellen. Dabei handelt es sich um andere innerstaatliche Einrichtungen, die staatliche Aufgaben übernehmen. In der Regel sind es unselbständige, nachgeordnete Dienststellen von juristischen Personen des öffentlichen Rechts. Beispiele wären hier Forschungsanstalten, Museen und Bibliotheken.[70] Es gibt aber auch Spendensammler, die nicht steuerbegünstigt sind. Das sind Organisationen, die Konten speziell zu diesem Zweck einrichten und dazu aufrufen. Dabei ist auch der Zweck von entscheidender Bedeutung. Durch dieses Schreiben wird die Förderung der Hilfe von Flüchtlingen als Zweck anerkannt. Erst wenn das entsprechende Konto als Treuhandkonto eingerichtet wird sind die Zuwendungen steuerlich abziehbar. Diese Zuwendungen müssen jedoch an die im BMF-Schreiben genannten steuerbefreiten Körperschaften weitergegeben werden. Auch für die gesammelten Spenden auf dem Treuhandkonto ist der vereinfachte Zahlungsnachweis möglich.

Darauf folgt im BMF-Schreiben eine neue Nummer, in der es um die gemeinnützigen Körperschaften geht. Wie der Begriff schon sagt, ist die Gemeinnützigkeit der Körperschaft von entscheidender Bedeutung. Denn gemeinnützigen Körperschaften ist es grds. nicht erlaubt, Mittel für steuerbegünstigte Zwecke zu verwenden, wenn es die Satzung nicht fordert (§ 55 Abs. 1 Nr. 1 AO). Doch wenn eine gemeinnützige Körperschaft wie beispielsweise ein Sport- oder Musikverein zu Spenden zur Hilfe für die Flüchtlinge aufruft, so ist dies laut dem Schreiben auch unschädlich für die Steuerbegünstigung der Körperschaft, auch wenn sie nach ihrer Satzung z. B. keine mildtätigen Zwecke fördert. Dabei muss die Satzung für den angegebenen Zweck nicht geändert werden. Es reicht auch aus, wenn die Spenden entweder an eine steuerbegünstigte Körperschaft oder an eine inländische juristische Person des öffentlichen Rechts weitergeleitet werden. Auch hier muss die gemeinnützige Einrichtung die gesammelten Spenden bescheinigen und auf die Sonderaktion hinweisen.

Neben den eben genannten eingeforderten Spendenmitteln ist es ausnahmsweise auch unschädlich für die Steuerbegünstigung einer Körperschaft, wenn sie sonstige bei ihr vorhandene Mittel ohne Änderung der Satzung zur unmittelbaren Unterstützung von Flüchtlingen einsetzt. Auch hier muss die Satzung nicht geändert werden. Unschädlich ist auch die Weiterleitung an andere steuerbegünstigte Körperschaften, die beispielsweise mildtätige Zwecke verfolgen oder an eine inländische öffentliche Dienststelle (§ 58 Nr. 2 AO).

---

[70] Vgl. Schmidt, Einkommensteuergesetz Kommentar, S. 964.

In einer weiteren Teilnummer geht es um Zuwendungen aus dem Betriebsvermögen. Hierbei bezieht man sich auf das BMF-Schreiben vom 18. Februar 1998, welches den Abzug von Sponsoring-Maßnahmen als Betriebsausgaben zulässt. Ausgaben für diese Maßnahmen stellen beim Steuerpflichtigen Betriebsausgaben dar, wenn der Sponsor wirtschaftliche Vorteile für sein Unternehmen bestrebt. Er kann auf seine Leistungen durch Öffentlichkeitsarbeit aufmerksam machen wie Zeitung und Fernsehen.

4.3.2.2 Lohnsteuer und Vergütungen

Des Weiteren spricht das BMF-Schreiben noch Punkte der Lohnsteuer an. Hier geht es generell um den Verzicht von Teilen des Arbeitslohns. Diese Teile gehen auf ein Spendenkonto einer spendenempfangsberechtigten Einrichtung nach § 10b Abs. 1 S. 2 EStG und bleiben bei der Feststellung des steuerpflichtigen Arbeitslohns außer Ansatz. Voraussetzung hierfür ist, dass der Arbeitgeber diese Verwendungsauflage erfüllt und dokumentiert. Der außer Ansatz bleibende Lohn ist im Lohnkonto aufzuzeichnen (§ 4 Abs. 2 Nr. 4 S. 1 LStDV). Doch auf die Aufzeichnung kann verzichtet werden, wenn stattdessen der Arbeitnehmer seinen Verzicht schriftlich erklärt hat und dies dann zum Lohnkonto genommen wird. Dieser Anteil ist nicht in der Lohnsteuerbescheinigung anzugeben und auch nicht in der Veranlagung als Spende zu berücksichtigen.

So wie beim Lohn kann auch ein Aufsichtsratsmitglied vor Fälligkeit oder Auszahlung auf Teile seiner Aufsichtsratsvergütung verzichten. Die Grundsätze hierfür sin die Gleichen wie bei der Arbeitslohnspende. Da es sich auf der Seite der Gesellschaft auch um Aufsichtsratsvergütungen und nicht um Spenden handelt, bleibt die Vorschrift des § 10 Nr. 4 KStG unberührt.

4.3.2.3 Umsatz- und Schenkungsteuer

Das Umsatzsteuerrecht ist in den Mitgliedsstaaten der EU weitgehend harmonisiert. Durch die Regelungen in der MwStSystRL sind die Mitgliedsstaaten dazu verpflichtet, die in der Richtlinie getroffenen Regelungen in nationales Recht umzusetzen (Ratifikation). Die MwStSystRL kennt in diesem Fall jedoch keine Regelung, die es einem Mitgliedsstaat zur Förderung der Hilfe für Flüchtlinge gestatten würde, von den verbindlichen Richtlinienvorschriften abzuweichen. Somit sind Billigkeitsmaßnahmen bei unentgeltlichen Zuwendungen aus einem Unternehmen nach § 3 Abs. 1b und Abs. 9a UStG nicht möglich, genauso wie eine Ausweitung der Steuervergünstigung nach § 4a UStG.

Des Weiteren sind nach § 13 Abs. 1 Nr. 17 ErbStG Zuwendungen von der Schenkungsteuer befreit, die ausschließlich mildtätigen Zwecken im Sinne des § 53 AO gewidmet sind und sofern die Verwendung zu diesem Zweck gesichert ist.

4.3.3 Steuerliche Behandlung von Leistungen in der Flüchtlingskrise

Am 09. Februar 2016 wurde zusätzlich das BMF-Schreiben für die „Steuerliche Behandlung von Leistungen in der Flüchtlingskrise" veröffentlicht. Im Gegensatz zum vorherigen BMF-Schreiben richtet sich dieses ausschließlich an Unternehmer. Diese Billigkeitsmaßnahmen für die Leistungen von Unternehmern gelten in den Veranlagungsräumen 2014 bis 2018.

Laut dem ersten Buchstaben erhalten steuerbegünstigte Körperschaften Entgelte aus öffentlichen Kassen die sich vorübergehend an Unterbringung, Betreuung, Versorgung und Verpflegung beteiligen.

Als nächste Maßnahme wird es nicht beanstandet, wenn umsatzsteuerliche Vorschriften, die für Leistungen an beispielsweise Obdachlose angewendet werden, auch auf Leistungen dieser Einrichtungen, die der Betreuung und Versorgung von Bürgerkriegsflüchtlingen und Asylbewerbern dienen, angewendet werden. Darunter fallen Vorschriften wie die Umsatzsteuerbefreiung nach § 4 Nr. 18, 23, 24, 25 UStG oder eine Umsatzsteuerermäßigung nach § 12 Abs. 2 Nr. 8 UStG. Diese Anwendung gilt insbesondere für die Vorschrift des § 4 Nr. 18 UStG, auch wenn Flüchtlinge nicht ausdrücklich zu dem nach Satzung des Leistenden begünstigten Personenkreis gehören. So fallen darunter auch Personalgestellungsleistungen zwischen begünstigten Einrichtungen untereinander zu Zwecken der Flüchtlingshilfe. Ebenso gehört zu den Leistungen die Lieferung von Speisen und Getränke in Unterkünften, sofern bereits steuerfreie Mahlzeitendienste erbracht werden.

Die dritte und letzte Billigkeitsregelung wendet sich an die umsatzsteuerliche Behandlung des Kostenersatzes durch Gebietskörperschaften. Dabei wird gezielt der Bezug von Einrichtungsgegenständen und sonstige Leistungen wie beispielsweise die Renovierung von Wohnungen erklärt. Dabei gibt es zwei Fallkonstellationen. Zum einen, wenn diese Leistungen im Rahmen eines Gesamtvertrags (Errichtung und Betrieb einer Unterkunft) erbracht werden, so sind diese Leistungen steuerfrei nach § 4 Nr. 18 UStG. Falls jedoch eine konkrete Lieferung vorliegt (z. B. die Lieferung eines Möbelstücks unabhängig eines Gesamtbetreibervertrags), so unterliegt diese Lieferung der Umsatzsteuer nach § 1 Abs. 1 Nr. 1 UStG und die Steuerbefreiung nach § 4 Nr. 18 UStG greift nicht. Doch unter den Voraussetzungen des § 12 Abs. 2 Nr. 8 UStG ist die Anwendung des ermäßigten Steuersatzes möglich.

4.4 Rechtfertigung des Eingriffs

Der Staat hat eine große Verantwortung in der Marktwirtschaft. Wie aus den Maßnahmen ersichtlich wird, hat er die Möglichkeit einzugreifen um auf die Art und Weise das Verhalten der Konsumenten zu beeinflussen. Diese Möglichkeiten des Staates müssen jedoch abgegrenzt und kontrolliert werden, um eine übermäßige und unkontrollierte Nutzung der hoheitlichen Macht einzugrenzen. Die Frage ist nun, in wie weit und aus welchem Grund der Staat eingreifen darf.

Der Staat braucht nämlich eine Rechtfertigung (Legitimation) seines Vorhabens. Die Befugnis, wirtschaftspolitische Entscheidungen zu treffen und die Möglichkeit, auf diese Entscheidungen Einfluss zu nehmen, begründet Macht, die der Legitimation und Kontrolle bedarf. Parlament und Regierung erlangen diese Legitimation dadurch, dass sie in freier und allgemeiner Wahl die Mehrheit der Stimmen erhalten. Eine Begrenzung und Kontrolle der damit gewonnenen Handlungsmacht findet auf vielfältige Weise statt. Einmal durch Anwendung des Prinzips der Gewaltenteilung und durch die Androhung, bei gravierenden Verstößen gegen den Wählerwillen, abgewählt zu werden.[71]

Grundsätzlich müssen Gesetze, die auf den Weg gebracht werden, verfassungskonform sein. Erst wenn diese Voraussetzung erfüllt ist, können Gesetze durchgesetzt und auch angewendet werden. Für die Verfassungsmäßigkeit ist der moderne Eingriffsbegriff relevant. Jeder Eingriff des Staates der in den Schutzbereich der Grundrechte fällt, muss mit der Verfassung konform sein. Ist ein förmliches Gesetz vorhanden, so taugt dieses allerdings nur dann zur Rechtfertigung des betreffenden Grundrechtseingriffs, wenn es in jeder Hinsicht den Anforderungen des GG entspricht, d.h. seinerseits formell und materiell verfassungsgemäß ist (Art. 1 Abs. 3; Art. 20 Abs. 3 GG). Dabei ist von zwei Arten der Verfassungsmäßigkeit auszugehen. Das Erste ist die formelle Verfassungsmäßigkeit. Ein Gesetz ist formell verfassungsgemäß, wenn es vom hierfür zuständigen Gesetzgeber (Art. 70 ff. GG) unter Einhaltung der jeweils einschlägigen Verfahrens- und Formvorschriften erlassen wurde (auf Bundesebene nach Art. 76 ff. und Art. 82 GG). Des Weiteren muss die materielle Verfassungsmäßigkeit erfüllt sein. Falls durch ein Gesetz in ein Grundrecht eingegriffen wird, so unterliegt dieser Eingriff gewissen verfassungs-

---

71 Vgl. Apolte / Bender / Berg, Vahlens Kompendium der Wirtschaftstheorie und Wirtschaftspolitik, S. 298.

rechtlichen Beschränkungen (Schranken-Schranken). Diese dienen dazu, die Grundrechte nicht von der Legislative ausgehebelt werden.[72]

Eine Schranken-Schranke ist der Parlamentsvorbehalt. Ist die Kompetenz zur Entscheidung über Grundrechtseingriffe der Legislative anvertraut, d.h. dem Parlament vorbehalten, so folgt darüber hinaus, dass der Gesetzgeber alle für die Grundrechtsausübung wesentlichen Entscheidungen selbst zu treffen hat und nicht der Exekutive überlassen darf. Dies ist v.a. aus dem Demokratieprinzip des Art. 20 Abs. 1 GG abzuleiten. Somit ergibt sich die sog. Wesentlichkeitstheorie und um die Anforderungen hiervon zu genügen, müssen zumindest die Voraussetzungen für den Grundrechtseingriff sowie die zu erwartenden Eingriffshandlungen und -ziele im förmlichen Bundes- und Landesgesetz bestimmt sein.[73]

Eine weitere materielle Verfassungsmäßigkeit ist der Grundsatz der Verhältnismäßigkeit (Übermaßverbot). Dieser verlangt, dass ein Grundrechtseingriff einem legitimen Zweck dient und als legitimes Mittel zu diesem Zweck geeignet, erforderlich und angemessen ist. Dies ist nicht explizit im GG geregelt, da sich dessen verfassungsrechtlicher Rang aus dem Rechtsstaatsprinzip im Grunde bereits aus dem Wesen der Grundrechte selbst ergibt. Welchen Zweck der Gesetzgeber mit dem von ihm eingesetzten Mittel genau verfolgt, ist durch Auslegung der jeweiligen gesetzlichen Regelung nach ihrem Wortlaut und ihrer Systematik zu ermitteln. Ist der Gesetzeszweck auf diese Weise identifiziert, so ist anschließend zu untersuchen, ob dieser auch legitim ist. Ist der vom Gesetzgeber verfolgte Zweck verfassungsrechtlich legitim, so muss Gleiches ebenfalls auf das gewählte Mittel, also die konkret getroffene Maßnahme (des staatlichen Eingriffs) zutreffen. Ein Mittel ist dann im verfassungsrechtlichen Sinne geeignet, wenn mit seiner Hilfe der gewünschte Erfolg gefördert werden kann, wobei die Möglichkeit der Zweckerreichung genügt. Das Mittel ist erforderlich, wenn der Gesetzgeber nicht ein anderes, gleich wirksames, aber das Grundrecht nicht oder doch weniger fühlbar einschränkendes Mittel hätte wählen können. Das gewählte Mittel ist angemessen zur Zweckerreichung, wenn das Maß der den Einzelnen treffenden Belastung noch in einem vernünftigen Verhältnis zu den der Allgemeinheit erwachsenen Vorteilen.[74]

---

[72] Vgl. Wienbracke, Einführung in die Grundrechte, S. 92-96.
[73] Vgl. Ebenda, S. 97.
[74] Vgl. Wienbracke, Einführung in die Grundrechte, S. 101-109.

4.5 Probleme des Eingriffs

Die Probleme des Eingriffs ergeben sich bei der Betrachtung des Konjunkturzyklus. Das Problem an den Staatseingriffen ist der zeitliche Zusammenhang. Solche zeitlichen Verzögerungen werden auch „time-lags" genannt. In diesem Prozess lassen sich drei Arten von Verzögerungen feststellen. Die Erkenntnisverzögerung beschreibt die Zeitspanne die vergeht, bis die Wirtschaftsindikatoren interpretiert und erkannt wurden und bis man erkennt, dass in der aktuellen Wirtschaftslage ein Eingriff nötig ist. Bei der Entscheidungsverzögerung wird der Zeitraum zwischen Erkennen des Problems und das Ergreifen der wirtschaftspolitischen Maßnahmen bezeichnet.[75] Die Durchführungsverzögerung bezeichnet den legislativen Vorgang. Also die Dauer, bis das Gesetz entworfen, gezeichnet und auch umgesetzt wird. Der Grund hierfür ist der damit verbundene bürokratische Aufwand.[76] Die Wirkungsverzögerung beschreibt den Zeitraum zwischen Einsatz der Maßnahme bis hin zur entsprechenden Wirkung.[77] Die Absicht ist dabei, eine konjunkturelle Störung zu beseitigen. Doch die zeitliche Wirkung, sowie die Umsetzung in den anderen Verzögerungen, können unterschiedlich lang sein.[78]

Doch Probleme ergeben sich nicht nur ausschließlich im Bereich des Konjunkturverlaufs. Beim Einsatz der wirtschaftspolitischen Instrumente stößt die Politik an ihre Grenzen. Nicht immer sind die theoretischen Zusammenhänge ausreichend geklärt (Theoriedefizite). Manche Entscheidungen müssen auf der Grundlage unsicherer Erkenntnisse getroffen werden. Wirtschaftspolitische Maßnahmen können sogar irreversibel sein.[79]

Auch Steffen J. Roth vertritt eine andere Meinung. Denn nach überwältigender Mehrheit der Ökonomen gibt es nur selten einen Anlass, der einen unmittelbaren Eingriff in den Markt rechtfertigen würde. Vor allem die Stabilisierung der Wirtschaft wird von ihm kritisiert. Es sei in der Theorie hilfreich, jedoch sei es praktisch nur sehr schwer, diese Situationen richtig zu deuten und vor allem rechtzeitig zu identifizieren. Es kann durchaus vorkommen, dass Prognosen zu früh, zu stark oder erst mit einer zeitlichen Verzögerung greifen und so schädlich auf die

---

[75] Vgl. Müller / Röck, Konjunktur-, Stabilisierungs- und Wachstumspolitik, S. 232.

[76] Vgl. Edling, Volkswirtschaftslehre schnell erfasst, S. 349f.

[77] Vgl. Müller / Röck, Konjunktur-, Stabilisierungs- und Wachstumspolitik, S. 234.

[78] Vgl. Edling, Volkswirtschaftslehre schnell erfasst, S. 350.

[79] Vgl. Fredebeul-Krein / Koch / Kulessa, Grundlagen der Wirtschaftspolitik, S. 49.

Wirtschaft wirken. Andererseits empfehlen Ökonomen den Eingriff im Bereich der ordnungspolitischen Aufgaben. Denn es seien die Aufgaben der Politiker, alle Bereiche der Gesellschaft so zu koordinieren, dass die privaten Handlungen der Bürger auch zum Wohl der gesamten Gesellschaft beitragen. Diese Handlungen sollen jedoch gesetzlich festgelegt sein.[80] Die Meinung ist mittlerweile etwas veraltet, trotz allem ist diese noch immer erwähnenswert. Fraglich ist in dieser Hinsicht die Betrachtung der staatlichen Aufgaben in der Flüchtlingskrise. Denn hier herrscht gewissermaßen eine Ausnahmesituation. Die plötzlichen Ausgaben und Probleme muss der Staat mit der entsprechenden Macht ausüben und koordinieren.

---

[80] Vgl. Roth, Steffen: Welche Aufgaben bleiben der Politik in der Marktwirtschaft?.

5 Entwicklungen in einem Jahr der Flüchtlingskrise

Die aktuelle Situation in Deutschland ist an keinem unbemerkt vorbeigegangen. Fast täglich wurde in den Nachrichten darüber berichtet, die Solidarität vieler Bürger stärkte sich aber auch viele Kritiker sind gegen die Flüchtlinge. Auch die Statistiken und die Nachrichten machen deutlich, dass sehr viele Flüchtlinge nach Deutschland kamen. Allein im Jahr 2015 kamen 890.000 Flüchtlinge nach Deutschland.[81] Auch die nachfolgende Abbildung verdeutlicht den enormen Anstieg der Asylanträge im Jahr 2015.

Abbildung 6: Übersicht der Asylanträge (siehe Anhang)

Viele Bürger wurden Zeugen, wie in ihrer nahen Umgebung immer mehr Wohnplätze erschaffen wurden. Turnhallen wurden geräumt und den Flüchtlingen bereitgestellt. Doch die Flüchtlinge kommen nach Deutschland, da wir uns solidarisch gegenüber Flüchtlingen ausgesprochen haben. Auch in meiner Umfrage sind viele der Meinung, dass wir die Flüchtlinge aufnehmen sollten, da es sonst nicht zu vertreten wäre. Deutschland ist durch den Sozialstaat beinahe dazu verpflichtet heißt es in einer Antwort meiner Umfrage. Doch viele kritisieren auch die chaotischen Umstände und die Trägheit der Regierung hinsichtlich der Handlungen für die Flüchtlinge.

Doch das anfängliche Chaos zu Beginn der Krise wurde nach einem Jahr Flüchtlingspolitik Merkels zu großen Teilen geordnet. An die 1.000 Turnhallen, welche als Notunterkunft umfunktioniert wurden, wurden wieder freigegeben. Laut dem Monatsbericht des Bundesministeriums der Finanzen vom Januar 2017 ist die Zahl der Asylsuchenden bereits um ein Drittel zurückgegangen.[82] Dabei ist die eigentliche Herausforderung in der Flüchtlingskrise die Integration. Im April 2016 schätzte Weise, Chef des Bundesamts für Migration und Flüchtlinge (BAMF), dass 200.000 Kursplätze fehlen. Doch die Bundesregierung verkündete eine Ausweitung in diesem Bereich. Im Jahr 2016 rechnete das BAMF mit knapp einer halben Million Kursteilnehmer für Integration. Auch die Initiative „Wir zusammen" sorgte für 1.800 Praktikumsplätze, 500 Ausbildungsstellen und über 400 feste Arbeitsplätze für mehr als 100 Unternehmen. Trotz der positiven Zahlen konnten sich

---

[81] Vgl. Staib, Julian: De Maizière rechnet ab.

[82] Vgl. Bundesministerium der Finanzen: Monatsbericht Januar 2017.

Flüchtlinge nur schwer auf dem Arbeitsmarkt durchsetzen. Im Juli 2016 gab es laut der Arbeitsagentur 322.000 arbeitssuchende Flüchtlinge.

Auch diverse schockierende Nachrichten brauchte den Flüchtlingen viel Unmut ein. Bei den Übergriffen an Silvester in Köln stellte sich die Frage, ob man sich mit den Flüchtlingen auch die Kriminalität ins Land geholt hat. Doch bei der Zahl an Flüchtlingen ist es auch vorhersehbar, dass es ein paar darunter gibt, die sich nicht ans Gesetz halten. Doch dies betrifft auch die einheimische Bevölkerung. In 2015 stieg die Anzahl der Straftaten um knapp vier Prozent gegenüber dem Vorjahr. Doch die Flüchtlinge sind nicht immer die Täter. Es gab auch öfters die erschreckenden Nachrichten, dass Flüchtlingsunterkünfte angezündet wurden. Allein in 2015 wurden 1.031 Übergriffe an Flüchtlingsunterkünften gezählt. In 2016 waren es lediglich noch 665 Übergriffe.

Insgesamt wird aus diesen Stichpunkten und Zahlen deutlich, dass Deutschland sich vor einer gewaltigen Herausforderung befindet. Auf nationaler Ebene streiten sich Parteien wie die CDU und CSU und die AfD findet weitere Anhänger. Doch auch international gibt es in der Europäischen Union sehr viele Konflikte untereinander. Die Flüchtlingskrise teilt die Meinung der Deutschen immer weiter. Viele engagieren sich und helfen, wo sie nur können. Doch auf der anderen Seite gibt es viele Menschen, die Angst vor der Sicherheit im eigenen Land haben. Es könnte auch einen Wechsel in unserer Gesellschaft geben, und die Menschen werden sich so immer uneiniger.[83]

Auch in meiner Umfrage wird deutlich, dass sich nicht viele für die Flüchtlingskrise engagieren. 261 Befragte gaben an, sich nicht aktiv an der Hilfe für Flüchtlinge zu beteiligen. Die anderen 39 helfen beispielsweise durch Spenden, Deutschkurse oder beim DRK aus. Die Umfrage ergab außerdem, dass 163 Befragte ihr Engagement in Zukunft nicht ändern wollen. Doch immerhin wollen 111 der Befragten ihr Engagement in Zukunft erhöhen. Das zeigt, wie unterschiedlich die aktive Beteiligung ist.

---

[83] Vgl. Wittrock, Philipp: Bilanz der Flüchtlingspolitik.

6 Meinungen in der Flüchtlingskrise

Durch die Eingriffe des Staates können die konjunkturellen Schwächen in der Wirtschaft besser kontrolliert und ausgeglichen werden. Dieses Eingreifen wird von vielen befürwortet, jedoch erntet der Staat auch Kritik. Auch Steffen Roth ist der Meinung, dass der Staat nicht alle Aufgaben übernehmen sollte. Doch ein Markt ohne Staat ist nicht denkbar und deshalb ist die Soziale Marktwirtschaft ein wesentlicher Bestandteil. So hilft der Staat auch in der aktuellen Flüchtlingskrise, wo es nur geht und zeigt dadurch, dass er sich sozial und gesellschaftlich auf einer guten Ebene beweist. Auch Marc Beise ist in seinem Buch „Wir brauchen die Flüchtlinge" der Meinung, dass Deutschland die Flüchtlingskrise als Chance sehen soll. Denn sie helfen uns im internationalen Wettbewerb zu bestehen und unseren Wohlstand zu wahren. Deutschland sei auch nicht wirklich überfordert; es seien keine Strukturen zusammengebrochen und Steuern wurden bislang auch nicht erhöht. Doch irgendwann ist auch dies nicht mehr zu verkraften. Irgendwann muss der Staat handeln. Außerdem befürwortet der Autor die europäische Herangehensweise. Die Bundesregierung müsse innerhalb der EU einen Konsens finden. Dazu gehören die Sicherung der Außengrenzen und die Einigung der Kontingente. Der Autor behauptet sogar, wenn die Aufteilung der Flüchtlinge und die Entscheidung, wer aufgenommen werden darf und wer nicht, einzig und allein Sache des Nationalstaates bleibt, so versage „das Schengen-System der offenen Grenzen". Auch die europäische Idee sterbe; eine große Errungenschaft der Nachkriegszeit.[84]

Auch in meiner Umfrage befürworten viele die staatlichen Maßnahmen, andere wiederrum vertreten die Meinung, dass der Staat aktiver werden könnte. Insgesamt kann also gesagt werden, dass die Ansichten hier weit auseinander gehen. Der Staat hilft, wo er kann, doch wie beim § 7b EStG scheitern viele Maßnahmen an der zeitlichen Verzögerung („lags"). Die Probleme werden zu spät erkannt und selbst wenn ein Entwurf feststeht, muss dies auch durchgesetzt werden.

Generell wird die Meinung vertreten, dass die Flüchtlinge die Terrorwahrscheinlichkeit im Land erhöhen. Ebenso zeigt der Anschlag auf den Berliner Weihnachtsmarkt, dass die solidarische Einstellung Deutschlands auch kritisch hinterfragt werden muss. Am Abend des 19. Dezember 2016 fuhr ein LKW in einen Weihnachtsmarkt, der 12 Tote und mehr als 40 Verletzte forderte. Die genauen

---

[84] Vgl. Beise, Wir brauchen die Flüchtlinge, S.75-77.

Umstände sind zum derzeitigen Punkt unklar. Nach neuesten Ermittlungen soll es sich um einen Tunesier handeln, der vor knapp einem Jahr nach Deutschland kam.

In meiner Umfrage herrscht Uneinigkeit, ob die Flüchtlinge eine Bereicherung für die Wirtschaft darstellen. Ausgewogen war der Anteil, der sich über die aktuellen Entwicklungen der Flüchtlingskrise informiert. Kritisch wird auch gesehen, ob bisherige Maßnahmen Wirkung zeigen. Ebenso sind die meisten Teilnehmer der Umfrage mit der Asyl- und Flüchtlingspolitik eher unzufrieden. Eine klare Meinung, ob ein jährliches Limit für die Zuwanderung von Flüchtlingen gesetzt werden soll, ergibt sich nicht. Einen großen Unterschied gab es bei der Bewältigung der Krise der Bund und Länder und der Gemeinden. 214 Befragte haben nicht das Gefühl, dass Bund und Länder die Krise souverän bewältigen. Jedoch ist knapp mehr als die Hälfte der Meinung, dass die Gemeinden die Krise souverän bewältigen. Zurückführen lässt sich dies wahrscheinlich darauf, dass die Maßnahmen in den Gemeinden direkt vor Ort geschehen.

Denn in diesem Fall hat jeder die Möglichkeit, sich für Flüchtlinge zu engagieren. Problematisch stehen die Maßnahmen von Bund und Ländern gegenüber, da diese eher „im Hintergrund" geschehen. Meistens werden geplante Vorgehensweisen und getroffene Maßnahmen erst später deutlich oder sie zeigen nicht den gewünschten Effekt.

7 Fazit

Zusammenfassend lässt sich sagen, dass innerhalb eines Jahres Flüchtlingspolitik eine deutliche Besserung ersichtlich ist und sich die Integration immer weiter ausgebaut hat. Verantwortlich war hierfür in großen Teilen der Staat. Doch auch das Engagement der Bevölkerung hat stark zur Besserung beigetragen. Die Flüchtlingskrise ist ein sehr gutes Beispiel für das Handeln des Staates in der Marktwirtschaft. Der Haushalt muss dementsprechend angepasst werden und Maßnahmen in die Wege geleitet werden. Schon jetzt ist der deutliche Anstieg der Ausgaben für die Integration der Flüchtlinge bemerkbar und wird auch in Zukunft nicht so schnell in Vergessenheit geraten. Doch trotz aller Umstände gab es bis jetzt weder eine Einführung einer neuen Abgabe noch eine Steuererhöhung.

Auch wichtig sind die verschiedenen Eingriffe des Staates in der Vergangenheit zu anderen wirtschaftlichen Situationen. Entweder greift der Staat direkt ein und beeinflusst den Preis oder verändert die Lage auf dem Markt indirekt. In diesem Zusammenhang ist auch die Gestaltung der Steuer von entscheidender Bedeutung. Diese Einnahme ist sehr wichtig, um die Ausgaben für die Bürger zu decken. Sonst wäre eine Soziale Marktwirtschaft, so wie wir sie heute kennen, nicht möglich, da der Staat viele Sozialleistungen für die Bürger übernimmt. Auch wenn Flüchtlinge in bisher ungeahntes Ausmaßes hier ins Land kommen, werden Unterkünfte gebaut und Integrationskurse gegeben. Deutschland gibt sein bestes, sich solidarisch zu zeigen.

Doch durch die hohen Einwanderungszahlen ergeben sich einige Ungleichheiten auf dem Markt. Zunächst verschiebt sich die Nachfragekurve und die Unternehmen müssen mehr produzieren. Dies könnte bei einer durchdachten Verteilung sogar wirtschaftsfördernd wirken. Falls jedoch die Kosten in die Höhe schießen, könnte der Plan auch nach hinten losgehen und das BIP, als wichtiger Indikator der wirtschaftlichen Leistungsfähigkeit, sinkt. Egal in welche Richtung sich die Wirtschaft entwickelt, der Staat muss auch hier durch geeignete Indikatoren erkennen, wann sie eingreifen müssen und in welchem Maße. Der Konjunkturzyklus wird ständig im Auge behalten, um zur passenden Zeit die richtige Maßnahme zu treffen und anzuwenden. Das Problem hierbei können die time-lags sein. Bis entsprechende Maßnahmen in die Wege geleitet werden, kann es schon längst zu spät sein oder die Maßnahmen sind wieder überflüssig.

Im Zuge der Flüchtlingskrise musste sich der Staat eine Menge Möglichkeiten durch den Kopf gehen lassen. Eine Möglichkeit war eine europaweite Sonderabgabe für die Hilfe der Flüchtlinge auf jeden Liter Benzin. Der Grundsatz spricht für eine vielversprechende Idee und könnte die Krise durchaus fördern. Doch Merkel verkündete schon im Voraus, dass es keine Sonderabgaben geben wird und deshalb wurde dieser Vorschlag sehr schnell fallen gelassen. Eine europaweite Zusammenarbeit befürworte ich jedoch, da sich dadurch schneller Lösungen entwickeln können und das Problem aus verschiedenen Perspektiven betrachtet werden kann.

Der zweite Vorschlag war der Gesetzesentwurf für einen § 7b EStG. Dieser sollte die Bauunternehmer dazu anregen, neue Wohnungen zu kaufen und zu bauen. Dabei sollten die Wohnungen auch für Menschen, die weniger Lohn erhalten, bezahlbar sein. Doch dieser Entwurf wurde nicht genehmigt, da sich einige Unstimmigkeiten und Gesprächsbedarf in den Parteien ergaben. Ich bin jedoch der Meinung, dass dieser Entwurf ein Schritt in die richtige Richtung war, da man als Student auch auf die Wohnungsnot aufmerksam wird.

Was jedoch durchgesetzt wurde, waren zwei BMF-Schreiben. Zum einen für die Förderung der Hilfe für Flüchtlinge, was sich hauptsächlich an die Spenden für Körperschaften richtet. Aber auch der Verzicht von Teilen des Arbeitslohns unterstützt das Engagement der Bürger in der Flüchtlingskrise. Im Bereich der Umsatzsteuer ist jedoch keine Billigkeitsregelung anwendbar, da es die MwStSystRL nicht zulässt. Des Weiteren wurde ein BMF-Schreiben für die Behandlung von Leistungen in der Flüchtlingskrise veröffentlicht. Dieses Schreiben richtet sich an die umsatzsteuerlichen Leistungen von Unternehmen in der Flüchtlingskrise.

Doch diese Eingriffe durch den Staat müssen auch legitim sein und bedürfen deshalb einer Rechtfertigung. Die staatlichen Eingriffe sind durchaus möglich, da die Legislative Gesetze entwirft und vorschlägt. Diese wurde vom Volk gewählt und ermächtigt somit diese Aufgabe. Zu beachten ist hierbei noch die Verfassungsmäßigkeit auf formeller und materieller Ebene. Der Parlamentsvorbehalt und der Verhältnismäßigkeitsgrundsatz spielen in diesem Zusammenhang auch eine entscheidende Rolle.

Haben wir es geschafft? Haben sich Merkels Worte letztendlich bewahrheitet? Diese Frage kann man zu diesem Zeitpunkt nicht abschließend beantworten. Die Bevölkerung ist ständig geteilter Meinung über die Flüchtlingskrise. Viele befürworten die staatlichen Aktivitäten und die Maßnahmen, die ergriffen werden. Jedoch gibt es vergleichsweise viele Kritiker der Politik. Die häufigsten Kritikpunkte sind die Vorgehensweisen und die pessimistische Einstellung. Deutschland ist außerdem das Ziel von Anschlägen und die Bevölkerung gerät immer weiter in

Unsicherheit und wünscht sich generell radikale Maßnahmen gegen dieses Problem. Aber auch radikale Parteien wie die AfD erhalten immer mehr Zuspruch. Zusätzlich ist durch die Flüchtlingskrise offensichtlich, dass die Flüchtlinge als Ursache aller Probleme dargestellt werden sollen. Klarzustellen ist jedoch, dass nicht alle als kriminell angesehen werden dürfen. Das Problem hierbei sind außerdem die Medien, die das aktuelle Thema immer wieder dramatischer darstellen, als es eigentlich ist. Deshalb sollte man sich genau über das Thema informieren und sich mal in die Lage der Flüchtlinge versetzen. Wäre es für mich persönlich leichter, wenn ich genauso unterstützend aufgenommen werden würde? Mit dieser Frage im Hinterkopf sollten wir offen und solidarisch auf die aktuellen Probleme in der Flüchtlingskrise zugehen.

Literaturverzeichnis

Monographien

Adam, Hermann	Bausteine der Wirtschaft – Eine Einführung, 16. Auflage, Wiesbaden, 2015
Apolte, Thomas / Bender, Dieter / Berg, Hartmut	Vahlens Kompendium der Wirtschaftstheorie und Wirtschaftspolitik, Band 2, 9. Auflage, München, 2007
Baßeler, Ulrich / Heinrich, Jürgen / Utecht, Burkhard	Grundlagen und Probleme der Volkswirtschaft, 19. Auflage, Stuttgart, 2010
Becker, Henning	Finanzwissenschaftliche Steuerlehre – Steuerwirkung, Steuerfinanzierung, Steuerpolitik, München, 1990
Beise, Marc	Wir brauchen die Flüchtlinge – Zuwanderung als Herausforderung und Chance: Der Weg zu einem neuen Deutschland, München, 2015
Brümmerhoff, Dieter / Büttner, Thiess	Finanzwissenschaft, 11. Auflage, Berlin / München / Boston, 2015
Buscher, Herbert / Dornau, Robert / Heinemann, Friedrich	Wie funktioniert das? Die Wirtschaft, 5. Auflage, Mannheim, 2007
Dickertmann, Dietrich / Gelbhaar, Siegfried	Finanzwissenschaft – Eine Einführung in die Institutionen, Instrumente und ökonomischen Ziele der öffentlichen Finanzwirtschaft, Herne / Berlin, 2000
Edling, Herbert	Volkswirtschaftslehre schnell erfasst, 3. Auflage, Münster, 2010
Fredebeul-Krein, Markus / Koch, Walter / Kulessa, Margareta	Grundlagen der Wirtschaftspolitik, 4. Auflage, Konstanz und München, 2014
Graf, Gerhard	Grundlagen der Finanzwissenschaft, 2. Auflage, Heidelberg, 2005
Müller, Richard / Röck, Werner	Konjunktur-, Stabilisierungs- und Wachstumspolitik – Theoretische Grundlagen und wirtschaftspolitische Konzepte, 4. Auflage, Stuttgart, 1993
Scherf, Wolfgang	Öffentliche Finanzen – Einführung in die Finanzwissenschaft, Stuttgart, 2009
Sperber, Herbert	Wirtschaft verstehen-nutzen-ändern, Stuttgart, 2002
Veigel, Burkhart	Wege durch die Mauer – Fluchthilfe und Stasi zwischen Ost und West, 4. Auflage, Berlin, 2015
Wagenblaß, Horst	Volkswirtschaftslehre, öffentliche Finanzen und Wirtschaftspolitik, 8. Auflage, Heidelberg / München / Landsberg, 2008

Weeber, Joachim	Einführung in die Volkswirtschaftslehre – Für den Bachelor, 3. Auflage, Berlin / Boston, 2015
Welfens, Paul	Grundlagen der Wirtschaftspolitik: Institutionen – Makroökonomik – Politikkonzepte, 3. Auflage, Berlin, Heidelberg, 2008
Wienbracke, Mike	Einführung in die Grundrechte – Mit wirtschaftsjuristischem Schwerpunkt und dem Recht der Verfassungsbeschwerde, Wiesbaden, 2013
Zimmermann, Horst / Henke, Klaus-Dirk / Broer, Michael	Finanzwissenschaft – Eine Einführung in die Lehre von der öffentlichen Finanzwirtschaft, 11. Auflage, München, 2012

Kommentare

Schmidt, Ludwig	Einkommensteuergesetz Kommentar, 35. Auflage, München, 2016

Internetseiten (alle Internetseiten wurden am 17.02.2017 aufgerufen)

Biallas, Jörg: Förderung von Mietwohnungen abgesetzt	https://www.bundestag.de/presse/hib/201604/-/420596
Bundeskabinett bewilligt Gesetzentwurf zur steuerlichen Förderung des Mietwohnneubaus	http://www.bundesfinanzministerium.de/Content/DE/Pressemitteilungen/Finanzpolitik/2016/02/2016-02-03-Mietwohnungsneubau.html
Bundesministerium der Finanzen: Bundeshaushalt	https://www.bundeshaushalt-info.de/#/2016/soll/ausgaben/einzelplan/0603.html
Bundesministerium für Justiz und Verbraucherschutz: Mietpreisbremse	http://www.mietpreis-bremse.bund.de/WebS/MPB/DE/Home/home_node.html
Böckmann, Christoph: Mieter nutzen Mietpreisbremse nicht	http://www.vdi-nachrichten.com/Technik/Mieter-nutzen-Mietpreisbremse
Gammelin, Cerstin: Warum Schäuble eine Sonderabgabe für Flüchtlinge vorschlägt	http://www.sueddeutsche.de/politik/benzinsteuer-solo-fuer-den-soli-1.2821923
Roth, Steffen: Welche Aufgaben bleiben der Politik in der Marktwirtschaft?	http://www.bpb.de/politik/wirtschaft/wirtschaftspolitik/64234/aufgaben-der-politik

Staib, Julian: De Mai-zière rechnet ab	http://www.faz.net/aktuell/politik/fluechtlingskrise/de-mai-ziere-2015-kamen-890-000-fluechtlinge-14461230.html
Winkhaus, Uta: Kommt nun doch der „Flüchtlings-Soli"?	http://www.sz-online.de/nachrichten/kommt-nun-doch-der-fluechtlings-soli-3280870.html
Wittrock, Philipp: Bilanz der Flüchtlings-politik	http://www.spiegel.de/politik/deutschland/angela-merkels-wir-schaffen-das-bilanz-eines-fluechtlingsjahres-a-1110075.html

Anlagenverzeichnis

Abbildungen

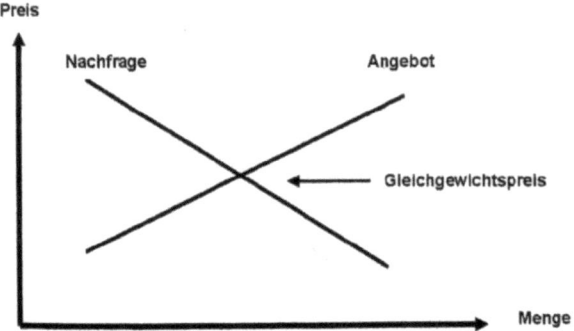

Der Preisbildungsmechanismus
- Modellhafte Darstellung -

Preis

Nachfrage   Angebot

Gleichgewichtspreis

Menge

Abbildung 1: Der Preisbildungsmechanismus
Adam, Hermann, Bausteine der Wirtschaft – Eine Einführung, 16. Auflage, Wiesbaden, 2015, Seite 43

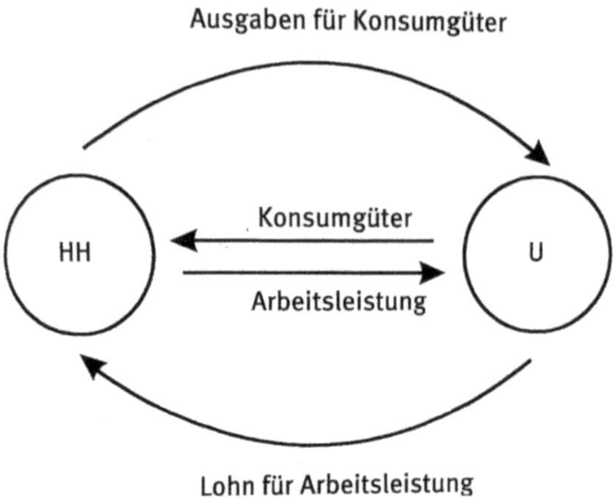

Ausgaben für Konsumgüter

Konsumgüter

HH ← U

Arbeitsleistung →

Lohn für Arbeitsleistung

Abbildung 2: Der Wirtschaftskreislauf
Weeber, Joachim, Einführung in die Volkswirtschaftslehre – Für den Bachelor, 3. Auflage, Berlin / Boston, 2015, Seite 89

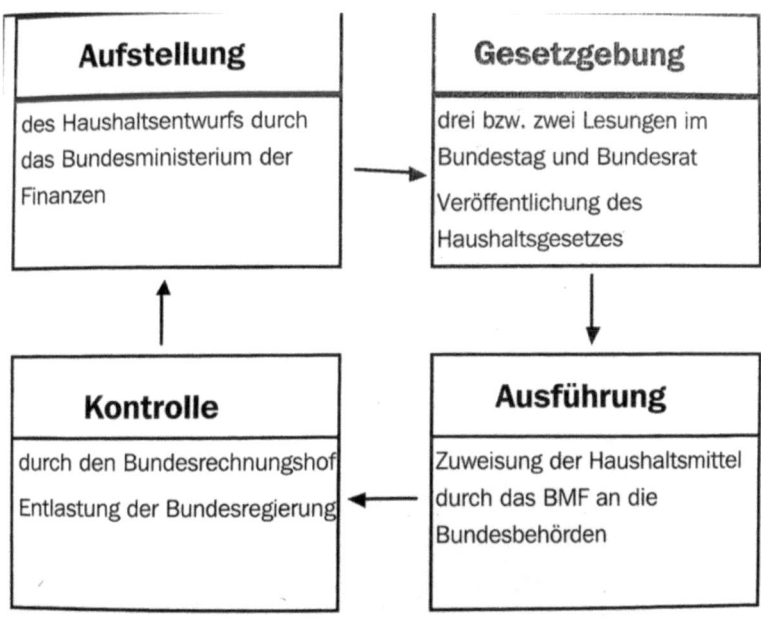

Abbildung 3: Der Haushaltskreislauf
Edling, Herbert, Volkswirtschaftslehre schnell erfasst, 3. Auflage, Münster, 2010, Seite 61

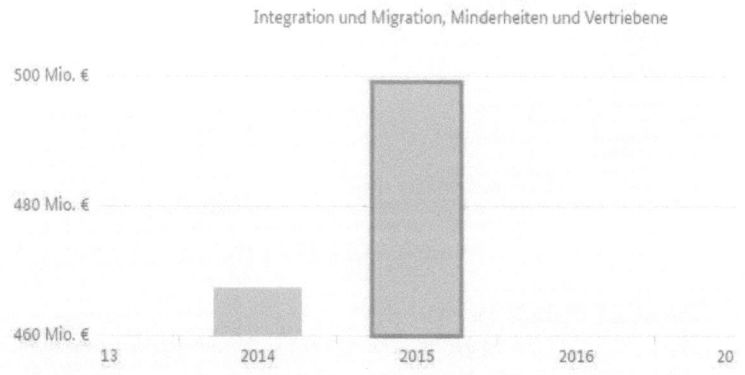

Abbildung 4: Anstieg der Ausgaben
https://www.bundeshaushalt-info.de/#/2016/soll/ausgaben/einzelplan/0603.html

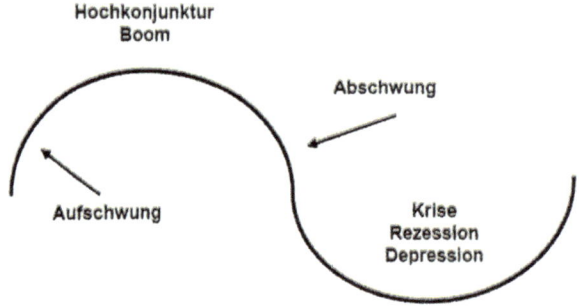

Die Phasen des Konjunktur-/Wachstumszyklus
- Modellhafte Darstellung -

Abbildung 5: Der Konjunkturzyklus
Adam, Hermann, Bausteine der Wirtschaft – Eine Einführung, 16. Auflage, Wiesbaden, 2015, Seite 69

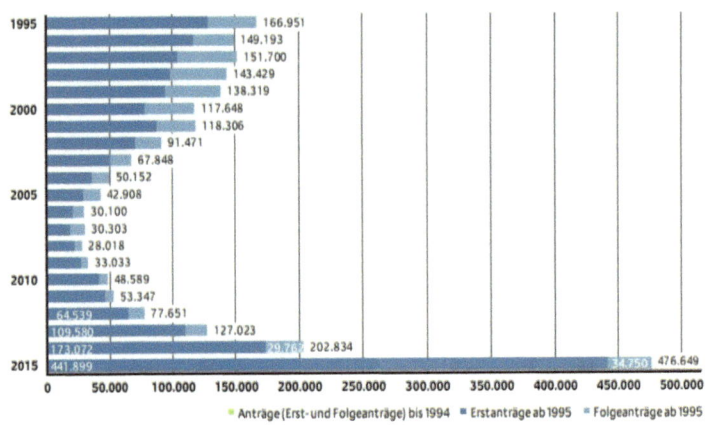

Abbildung 6: Übersicht der Asylanträge
https://www.bamf.de/SharedDocs/Anlagen/DE/Publikationen/Broschueren/bundes-amt-in-zahlen-2015.pdf?_blob=publicationFile